ORIGINE ET GÉNÉALOGIE

DES MANIÈRES

DU BORDELOIS

—◦※◦—

HOMMAGE RENDU

A LA MÉMOIRE DE MES ANCÊTRES

dont j'ai à cœur de faire revivre et de conserver le souvenir

A. MANIÈRES

Bordeaux, le 30 Avril 1875.

BORDEAUX

IMPRIMERIE Vᵉ CADORET, RUE DU TEMPLE, 12

1875

ORIGINE ET GÉNÉALOGIE

DES MANIÈRES

DU BORDELOIS

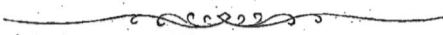

BORDEAUX

IMPRIMERIE Vᵉ CADORET, RUE DU TEMPLE, 12

1875

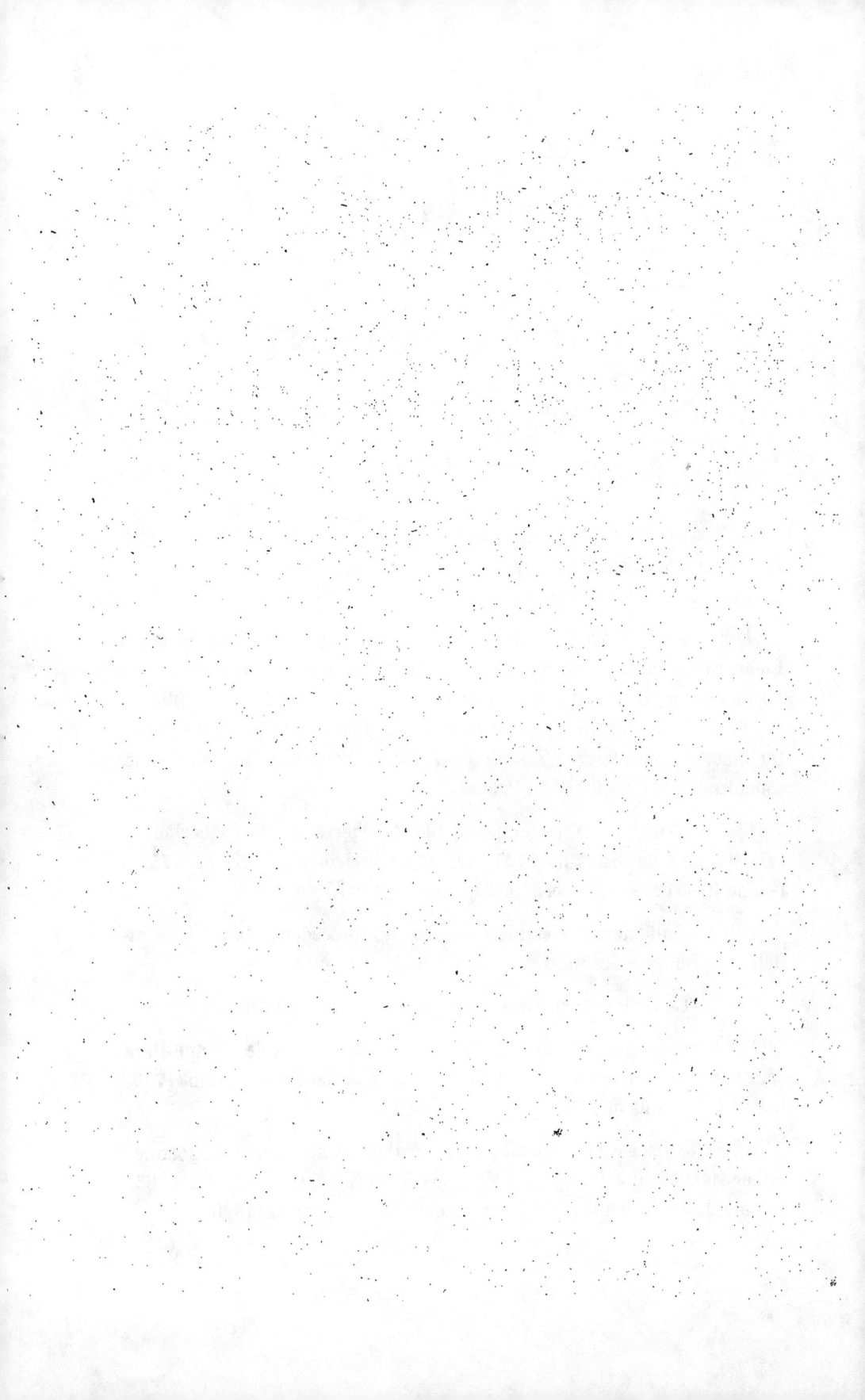

GÉNÉALOGIE

LA FAMILLE MANIÈRES

à partir de 1700

<hr>

1. Messire Guillaume de Manières du Bessan, conseiller du Roy, référendaire en la Chancellerie près le Parlement de Guienne en 1690, marié à Marie Gauzenne de Sauviac.

(1) 2. Pierre de Manières du Bessan, conseiller à la Cour des Aydes et Finances de Guienne, fils du précédent, veuf en premières noces de Jeanne de Couthures, marié en secondes noces à Catherine de Lalande, fille de M. de Lalande-Gayon, commissaire de la marine, et de dame Marie Du Gué. — Beau-frère : Joseph d'Artigaux, conseiller au Parlement, commissaire aux requêtes du Palais.

(1-2) 3. Jean-Anaclet de Manières, fils de Pierre et de Catherine de Lalande, né à Bordeaux en 1727, avocat au Parlement, marié en 1759 à Jeanne-Rose Constant, décédé à Espessas en 1794.

(1-2) 4. Guillaume de Manières, frère du précédent, marié à Saint-Hélier de Jersey à Jeanne-Esther Machon, Maxon ou Masson.

(1-2) 5. Catherine de Manières, sœur des précédents, célibataire.

(1-2-3) 6. Étienne Manières, fils de Jean-Anaclet et de Jeanne-Rose Constant, né à Bordeaux en 1764, marié à Luce Bertholio en 1793, décédé à Espessas en 1840.

(1-2-4) 7. Jean-Guillaume Manières, fils de Guillaume et de Jeanne-Esther Maxon, né à Jersey en 1764, maire de Bouliac de 1807 à 1185, marié à Adélaïde Dedieu, décédé sans enfants à Bouliac en 1826.

(1-2-4) 8. Jeanne-Esther Manières, sœur du précédent, née à Jersey en 1769, mariée à M. Bernard Boyer-Canon-Grangère, propriétaire, en 1789.

(1-2-4) 9. Françoise Manières, sœur des deux précédents, née à Jersey, mariée en 1787 à Bertrand Duffour, avocat au Parlement de Guienne.

(1-3-6) 10. Pierre Manières, fils d'Étienne et de Luce Bertholio, né à Espessas en 1795, marié en 1818 à Pétronille-Élisabeth Crespin, décédé à Tizac-de-Galgon en 1828.

(1-2-3-6) 11. Raymond Manières, frère jumeau du précédent, né à Espessas en 1795, marié en 1819 à Marie-Zélia Coste, veuve Hilaire Eyraud, décédé à Bordeaux en 1851.

(1-2-4-8) 12. Bernard Boyer-Canon-Grangère, fils de Jeanne-Esther de Manières, né en 1790 à Libourne, décédé en 1847 à Canon, commune de Saint-Michel-Larivière.

(1-2-3-6-10) 13. Alexis Manières, né à La Ruscade en 1820, fils de Pierre et d'Élisabeth Crespin, marié en 1843 à Marie-Inès Regnault, née en 1820 à La Ruscade.

(1-2-3-6-10) 13 bis. Claire-Luce Manières, fille de Pierre et d'Élisabeth Crespin, sœur d'Alexis, née à Saint-Mariens en 1822, décédée à La Ruscade, le 2 novembre 1827.

(1-2-3-6-11) 14. Pierre-Hyacinthe-Armand Manières, fils aîné de Raymond, né à Espessas en 1822, marié en 1851 à Rose-Caroline Benoît, née en 1827 à Castres (Tarn).

(1-2-3-6-11) 15. Joseph-Antoine-Adrien Manières, son frère, né à Gauriaguet en 1830, marié en 1850 à Jeanne-Zélie Bonaveau, née à Saint-André en 1829, décédé en 1863 au Bouscat.

(1-2-3-6-11) 16. Marie-Clémentine Manières, sœur des précédents, née à Espessas en 1820, mariée en 1846 à Jean Damour, décédée le 30 juillet 1873 à Bordeaux.

(1-2-3-6-10-13) 17. Marie-Lasthénie-Léontine Manières, fille d'Alexis et de Marie-Inès Regnault, née à La Ruscade en 1844, marié en 1868 à Jean-Alfred Audubert (institutrice).

(1-2-3-6-10-13) 18. Marie-Louise-Eugénie-Félicie Manières, née à La Ruscade en 1846, sœur de la précédente (institutrice).

(1-2-3-6-10-13) 19. Claire-Hélène-Stéphanie-Héloïse Manières, sœur des précédents, née à La Ruscade le 16 septembre 1848, décédée à La Ruscade le 7 juin 1866, à l'âge de dix-huit ans.

(1-2-3-6-11-14) 20. Pierre-Émile Manières, fils d'Armand et de Caroline Benoît, né à Saint-André en 1859.

(1-2-3-6-11-15) 21. Jean-Édouard Manières, fils d'Adrien et de Zélie Bonaveau, né à Saint-André en 1851.

(1-2-3-6-11-15) 22. Jean-Maurice Manières, frère du précédent, né à Bordeaux en 1856.

(1-2-3-6-11-15) 23. Jeanne-Danila Manières, sœur des précédents, uée à Saint-André de Cubzac en 1854.

NOTE

SUR

LES MANIÈRES

DU BORDELOIS

Si c'est un devoir pour tout citoyen de connaître l'histoire de son pays, c'en est un surtout pour tout homme de connaître celle de sa famille. Les descendants ont besoin parfois de méditer sur leur origine, d'apprendre et de savoir ce que furent leurs ancêtres et même ce qu'ils ne furent pas. Si la fortune des aïeux n'a pas passé aux rejetons, si ces derniers ont cessé d'être riches et puissants, cette méditation, cette lecture peut produire en eux le meilleur effet; elle peut relever un moral depuis long-temps affaibli et mettre fin à de regrettables défaillances. Si, au contraire, ils se sont maintenus, à travers les siècles, dans la haute position de leurs devanciers, c'est pour eux un encouragement à continuer, à persévérer, et ils puisent dans l'histoire même de leur sang et de leur race ces préceptes salutaires, ces hauts renseignements de vertu, d'ordre, de probité, d'honneur et de désintéressement qu'ils se félicitent d'avoir suivis et qu'ils vont s'efforcer de pratiquer encore mieux. S'ils sont des parvenus de la veille, à la puissance, à la fortune et aux honneurs, ces méditations n'en ont pas moins leur utilité; elles sont un puissant moyen de modérer la fougue orgueilleuse de leur jactance ou de leur vanité, en diminuant leur ivresse, en corrigeant leur arrogance, et les rappelant malgré eux à des sentiments plus humbles.

Le vingtième descendant d'une race de ducs, de comtes, de seigneurs ou de barons a le droit d'être fier de ses ancêtres quand même il en serait réduit à habiter provisoirement la demeure des pauvres, quand même il ne posséderait d'eux rien de plus que le nom, si sous le rapport de l'âme, du cœur et des sentiments il n'a pas dégénéré; de même le premier Monsieur d'une race naguère très-humble et très-ignorée n'en a pas moins le droit et le devoir de se glorifier de son père et de ses aïeux, pauvres et inconnus avant lui, mais de tout temps probes et honnêtes, puisque leur image est son image, que c'est le même sang mâle et généreux qui coule dans ses veines, que son être tout entier est pétri de leur substance, c'est-à-dire de leur vertu, de leur courage, de leur probité, et que ce sont surtout leurs conseils et leurs exemples laborieux qui lui ont frayé la voie en ouvrant un vaste horizon à son activité et à ses talents, le conduisant ainsi sûrement à la fortune, au succès, à la gloire.

Je me trouve placé avec la plupart de mes cousins dans le premier de ces trois cas, et c'est pourquoi je me suis mis à l'œuvre, désireux de relever ce qui s'écroule, s'il est possible, et de laisser un memento à ceux qui auraient oublié le passé ou qui seraient près de le faire.

Arrière-petit-fils de GUILLAUME DE MANIÈRES, conseiller référendaire au Parlement de Guienne de 1660 à 1700, héritier deux siècles après lui de quelque instruction, je me suis donc imposé la tâche, avant que le voile d'une nuit plus sombre et plus obscure ne s'étende davantage sur la tombe et sur le berceau de mes ancêtres, de sauver du naufrage du temps et de l'oubli, *en faveur des descendants*, ce qui reste encore dans la famille de vieux titres et de vieux parchemins, et d'établir aussi anciennement que possible la généalogie, je veux dire la filiation directe ou collatérale des MANIÈRES, après avoir, au préalable, poursuivi et parcouru à travers les âges et avec le plus grand soin la chaîne non interrompue des générations; après avoir puisé à toutes les sources, interrogé tous les souvenirs et tous les intérêts. Mais je me hâte de déclarer que toute espèce de document m'ayant fait défaut à partir de 1695, je n'ai pu projeter plus loin dans le passé mes regards investigateurs; c'est donc à la fin du 17e siècle que j'ai été forcé de suspendre mes recherches et d'abandonner la trace de ceux dont je descends, ne pouvant préciser quant à présent, en arrière de cette date, ce que furent le père, l'aïeul et le bisaïeul de Guillaume de Manières.

J'ignore également le nom de la province ou de la contrée dont Messires *Guillaume* et *Pierre* de Manières, seigneurs Du Bessan, mes trisaïeul et bisaïeul, étaient originaires. Comme les *Manières* sont très-nombreux, très-répandus dans le Périgord, principalement dans les arrondissements de Sarlat et de Ribérac, j'en conclus, sans rien affirmer cependant, qu'ils en étaient sortis. Il y a aussi des *Manières* en Auvergne, dans le Béarn, en Angoumois, dans le Limousin, l'Orléanais, la Bourgogne. Une foule de particularités, de données spéciales semblent, du reste, établir entre les Manières du Bordelais et les Manières du Périgord une certaine communauté de race et d'origine, par conséquent une certaine parenté, sans que l'on puisse dire de laquelle des deux contrées des membres sont partis et ont émigré dans l'autre. Mais ici comme là-bas, à Bordeaux comme à Sarlat et à Ribérac, ce sont les mêmes goûts, les mêmes aptitudes, les mêmes tendances, les mêmes traditions, les mêmes professions libérales, les mêmes traits, la même physionomie. Dans les deux pays, ce sont ou ce furent des conseillers, des juges, des avocats, des avoués, des notaires, des médecins, des huissiers. Le Palais, toujours le Palais ; et actuellement il en est encore ainsi. On voit et on trouve un M. Manières parmi les présidents et juges du tribunal civil de Bordeaux ; il est originaire du Périgord. Il en est un également au tribunal civil de Castres (Tarn). M. Manières, docteur-médecin, membre du Conseil général de la Dordogne, et M. Manières, notaire à Saint-Vincent de Neuvic, dans le même département, sont des proches parents de ce dernier. Il en est ainsi sans doute de M. Manières, possesseur d'une scierie à vapeur à Auxonne, et originaire de cette partie de l'Auvergne qui confine le Périgord. — Les Manières de la rue Clare étaient, eux aussi, nos proches parents, et les demoiselles Nancy et Esther Manières, de Cenon-La Bastide, issues de ces derniers et mariées en 1763, tiennent à nous par les liens du sang à un degré plus ou moins éloigné.

S'il en est ainsi, s'il y a communauté d'origine entre les Manières du Bordelais et les Manières du Périgord, émigrés en Limousin, en Auvergne et en Bourgogne, — *Guillaume de Manières* (ou son fils, ou son père) avait au moins un frère cadet. Ou bien ce frère est allé habiter le Périgord par suite de mariage avantageux, de partage ou d'arrangement de famille, et il y est devenu la tige d'une nombreuse postérité, — ou bien *Guillaume de Manières* (ou son auteur) a quitté le Périgord pour venir se fixer à Bordeaux par suite des mêmes causes, et peut-être aussi par le fait de sa nomination aux fonctions élevées de conseiller du Roy au Parlement de cette ville.

Quoi qu'il en soit, des papiers encore existants et se rappor-

tant à la période de 1690 à 1790 établissent surabondamment
que les Manières du Bordelais occupaient dans la vieille capi-
tale de la Guienne, au Parlément, à la Cour des Aydes, au
Barreau, des positions importantes et qu'une grande considération les environnait, témoin leurs relations ou leurs alliances
avec les de Lalande-Gayon, les d'Artigaux, les de Savignac, les
Grelety de Laborie, les Boyer-Canon-Grangère, les Benuch de
Solon, les Dubergier, les Duffour, les de Luzé, les de La Jarte,
les Comet-Ducasse, les du Plantier, les de Laporte-Pauilhac,
les de Jourgnac, les de Luetkens, les de Classun, les Voisin de
Gartempe, les d'Eymeric de Mourlane, les du Lyon, les de
Sarailh, etc., etc.

La fortune de Pierre de Manières, conseiller à la Cour des
Aydes et Finances de Guienne, et celle de Catherine de Lalande,
son épouse, a dû être considérable pour l'époque. Puisque le
père et la mère de Catherine avaient pu, au temps du droit d'aî-
nesse et de la féodalité, constituer en dot à chacun de leurs
trois enfants puînés (fils ou filles) au moins 25,000 livres, sans
préjudicier aucunement à la fortune et à la position de l'aîné,
c'est qu'ils possédaient au moins 300 mille livres, sur lesquelles 100 mille pour le cadet et les filles ensemble, et 200 mille
pour de Lalande fils aîné.

D'un autre côté, si Catherine de Lalande, qui était jeune, belle,
riche, altière, avait consenti à s'unir en mariage avec un homme
déjà veuf, par conséquent de beaucoup plus âgé qu'elle, c'est
qu'il y avait de bonnes raisons pour cela; c'est que Pierre de
Manières était propriétaire d'immeubles d'une valeur très-éle-
vée, et, par conséquent, beaucoup plus riche qu'elle. Il résulte,
en effet, de certains papiers que Pierre et Catherine avaient huit
maisons en ville, rue du Hâ, rue des Menuts, rue Porte-du-

Cailleau, rue Causserouge, rue Saint-Jean, rue du Mû, rue des Trois-Canards, rue Pont-Long, et quatre biens de campagne : à Bouliac, à Espessas, à Cubzac, à Saint-Gervais et Cazelles, lieu de Fontarabie. Mais où était situé ce domaine, cette terre du BESSAN dont Guillaume et Pierre de Manières portaient le nom de père en fils et se disaient fièrement les seigneurs et maîtres? En Guienne ou en Périgord? Dans le Médoc, dans la Benauge ou dans l'Entre-deux-Mers? C'est un point demeuré tout à fait obscur quant à présent, mais que je ne désespère point d'éclaircir dans un avenir prochain, après avoir scruté les archives et les vieux registres du Parlement et les minutes poudreuses des notaires de l'époque. J'ai visité à Bouliac le lieu où fut jadis l'un de leurs principaux manoirs, et ce site si délicieusement enchanteur, après avoir plusieurs fois changé de maîtres depuis 1826, porte toujours le nom de *Maine des Manières.*

La famille de Lalande était nombreuse et honorée, et il en reste, je crois, aujourd'hui encore des descendants. Charles Sébastien de Lalande, baron de Hinx, conseiller du Roy en ses conseils, conservateur des privilèges de l'Université de Bordeaux, prévôt de l'Ombrière, lieutenant-général de la Sénéchaussée de Guienne de 1670 à 1700 (c'est ainsi qu'il s'intitulait et se signait sur les actes du Parlement), était un proche parent de Catherine qui habita pendant son veuvage la maison de la Porte-du-Cailleau, tout près du palais de l'Ombrière (1). C'est de là qu'elle data son testament en 1777.

---

(1) Avant 1789, c'était devant le palais de l'Ombrière qu'était dressé l'infâme gibet et que l'on pendait, sans merci ni pitié, tous les criminels d'État convaincus de lèse-majesté. Peut-être aussi ce lieu de supplice était-il celui de tous les criminels en général. Les fonctions de Charles Sébastien de Lalande avaient donc beaucoup de rapport avec celles remplies de nos jours par les procureurs généraux, mais avec des pouvoirs plus étendus.

Marie-Jeanne de Lalande, sœur aînée de Catherine, s'était mariée avec M. Jean-Joseph d'Artigaux, conseiller au Parlement. L'un de ses frères avait épousé Julie Lemarchand, qui étant devenue veuve s'était unie en secondes noces avec M. le chevalier de Savignac; Catherine en parle dans son testament. Et ce testament révèle dans Catherine une femme un peu fière peut-être, mais d'un esprit supérieur, portant loin ses regards dans l'avenir, prévoyant des désastres futurs et voulant en préserver ses descendants. Elle voulait absolument faire parvenir à ses petits-fils sa fortune intacte et non ébréchée, et elle leur trace d'une main habile, ainsi qu'à sa fille Catherine de Manières, ses dispositions de dernière volonté, en ayant l'air de leur dire : Prenez exemple sur moi, et plus tard agissez en faveur de votre postérité comme j'agis moi-même envers vous. Malheureusement son grand exemple n'a point trouvé d'imitateurs, et n'a jamais été mis en pratique parmi les siens.

En tout cas, si la pauvreté et l'oubli sont devenus l'apanage des arrières petits-fils de Catherine de Lalande et de Pierre de Manières, l'antique probité des Manières n'en subsiste pas moins dans tout son éclat. Grâce à Dieu et à l'influence des vieux principes, elle n'a encore reçu, malgré l'adversité et les ruines amoncelées autour d'elle, aucune atteinte; la justice correctionnelle ou criminelle n'a jamais encore frappé, jamais flétri aucun de ses membres, et à défaut de fiefs, de domaines, de rentes et de trésors, il reste toujours à chacun d'eux ce que les gens bien nés considèrent comme le plus précieux de tous les biens : l'honneur et l'estime devant leurs concitoyens.

Jean-Anaclet de Manières, fils aîné de Pierre et de Catherine de Lalande, avocat au Parlement, né en 1727, épousa en 1760 Jeanne-Rose Constant, une simple bourgeoise. Le mécontentement et le dépit qu'en ressentit sa mère Catherine furent tels qu'elle refusa de consentir au mariage et qu'il fallut lui signifier des actes respectueux. Rose était cependant un parti très-convenable sous le triple rapport de l'éducation, de la fortune et de la famille. — Jean-Anaclet mourut à Espessas le 3 vendémiaire an IV, après avoir vu naître ses petits-fils jumeaux Pierre et Raymond Manières.

A partir de la mort de Catherine (12 ans seulement avant la Révolution française), soit que l'on pressentît déjà la terrible tourmente qui allait bientôt éclater et tout engloutir, soit que le mariage d'Anaclet eût exercé immédiatement sur toute la famille de Manières une influence plébéienne et désorganisatrice, soit que les notaires eux-mêmes qui étaient tous plébéiens eussent à cœur de passer sur toutes les familles le niveau de l'égalité civile, la particule *de* disparaît subitement de tous les actes et contrats. Au lieu de continuer comme les ancêtres à se signer et à s'appeler *De Manières* du Bessan, on ne s'appelle et on ne se signe plus que Catherine, Jean, Guillaume, Étienne et Françoise Manières, tout court.

Catherine de Manières, leur fille aînée, ne se maria point. Elle fut après le décès de sa mère l'oracle et le mentor de toute la parenté. Catherine de Lalande en mourant ne lui avait pas seulement laissé une partie de son nom; elle lui légua en outre, avec le sang, toute sa fierté, toute sa pénétration, tout son esprit, tout son cœur.

Jeanne-Élisabeth de Manières, leur seconde fille, marraine d'Étienne Manières (mon aïeul) et sa tante, ne se maria point non plus. Elle est décédée en 1767, 10 ans avant sa mère Catherine de Lalande; c'est pour cela que Catherine n'en parle pas dans son testament, et n'accuse que trois enfants issus de son mariage avec Pierre de Manières : *Jean-Anaclet, Guillaume* et *Catherine.*

Guillaume de Manières, négociant, leur second fils, passa quelques années aux Indes occidentales ; et à son retour il épousa à Saint-Hélier de Jersey, en 1758, Jeanne-Esther Machon, Maxon ou Masson, de laquelle il eut trois enfants.

1º *Jean-Guillaume Manières,* qui fut maire de Bouliac de 1807 à 1816, et se maria avec Jeanne-Adélaïde *Dedieu,* originaire de l'Agenais (1). Ce Guillaume, deuxième du prénom, mourut à Bouliac en 1826 sans postérité. Par contrat de mariage ou par testament, il avait légué tous ses biens à sa veuve, qui s'est bien gardée de les restituer à la famille du donateur.

2º *Françoise Manières,* qui se maria en 1788 à Bertrand Duffour de La Jarte, avocat au Parlement de Guienne. J'ignore s'ils ont eu des enfants et s'il existe des descendants.

Les Duffour de La Jarte étaient certainement cousins des Duffour de Barthe, des Duffour-Dubessan et des Duffour-Dubergier, membres à diverses époques de la Municipalité de Bordeaux et du Conseil général de la Gironde. C'était, et c'est encore, un usage soigneusement conservé dans la famille Duffour d'ajouter au nom patronymique celui de leur mère, ou celui d'un de leurs domaines.

---

(1) De 1675 à 1690 le Parlement de Bordeaux fut successivement exilé ou transféré à Agen, à Condom, à Marmande, à La Réole. Et c'est pendant cette même période d'années que Guillaume de Manières, *Seigneur du Bessan,* exerçait en Guienne les fonctions de Conseiller référendaire du Roy au Parlement. Cette circonstance donne la raison des différents mariages contractés alors et depuis lors dans l'Agenais par MM. Manières, aïeul et petit-fils, avec Mlles Jeanne Couthures et Adélaïde Dedieu. (Extrait de l'*Histoire de Bordeaux,* par M. Bordes.)

3º *Jeanne-Esther Manières*, qui épousa en 1789 M. Bernard Boyer-Canon-Grangère. Leur fils unique des mêmes nom et prénom ne s'est jamais marié. Sur la fin de ses jours, il s'est ruiné en empruntant pour le seul plaisir de prêter, en payant les dettes des autres et en négligeant complètement de payer les siennes. Il assista de 14,000 fr. son ami intime le comte Hubert de Brivazac-Beaumont, qui soutenait depuis vingt ans un long procès contre M. Gautier de Tivoli, père de l'ancien maire de Bordeaux, procès dont la liquidation des droits de sa mère faisait l'objet. Ces droits sont évalués par lui dans ses lettres à son cher Boyer à plus de 700,000 fr. (1).

M. de Boyer-Canon-Grangère mourut en 1848 sans laisser d'héritiers directs. Sa succession collatérale fut dévolue à mon oncle Raymond Manières, plus rapproché que moi d'un degré. Les 14,000 fr. de M. de Brivazac ont fait partie de la succession et sont encore dus à mes cousins.

Étienne Manières, fils unique de Jean-Anaclet, né à Bordeaux en 1761, épousa pendant la Révolution Luce Bertholio, sans fortune, fille de Louis-Joseph Bertholio, écuyer cavalcadour, tenant le manège de la rue Gouvion, lequel Bertholio fut l'un

---

(1) Ce comte de Brivazac-Beaumont était un cousin de M. le baron de Brivazac, gendre de M. de Lur-Saluces et oncle de M. de Paty. Sa sœur, aujourd'hui plus qu'octogénaire, habite le château de Barbe, près de Bourg, où son parent M. le baron de Brivazac lui a assuré un asile, et où il pourvoit généreusement à tous ses besoins. M. le comte de Brivazac avait pour gendres MM. de Jubé et Delpuget ou du Pouget; il me reste à savoir si ses filles ont accepté ou répudié sa succession. Toujours est-il qu'au moyen de ces 14,000 fr. avancés par M. Boyer-Canon, à son ami, M. le comte et Mˡˡᵉ de Brivazac, sa sœur, purent gagner leur procès contre M. Gautier de Tivoli qu'ils appellent dans leurs lettres leur *enragé beau-frère*. Ont-ils touché les 700,000 francs? C'est douteux, car la terre de *la Salle*, près Blaye, qui appartenait à Mˡˡᵉ de Brivazac, fut vendue en 1847 à M. Merlet, maire de Blaye, pour le prix de 200,000 francs.

des prédécesseurs de M. Machemin. La mère de Luce était issue de l'excellente famille des Duplantier, avec laquelle les Manières étaient en relations depuis longtemps. De ce mariage naquirent Pierre et Raymond, frères jumeaux. C'est la vieille histoire tristement et fidèlement renouvelée de Jacob et d'Esaü, dans un ordre tout à fait inverse. Je n'en dirais pas davantage, si ce n'est que Pierre, mon père, fut pris pour l'aîné, et que c'est de lui que je descends.

Je ne sais si Étienne Manières aimait la religion, s'il croyait en un Dieu en trois personnes plutôt qu'en un Dieu unique; mais il est certain qu'il n'aimait pas les prêtres, et il savait et disait pourquoi : en effet, une de ses vieilles parentes, Marie-Jeanne d'Artigaux, veuve Grelety de Laborie, retirée depuis son veuvage au couvent des Minimettes, paroisse Sainte-Eulalie à Bordeaux, avait légué à ce couvent toute sa fortune (environ 200 mille livres) et déshérité ainsi Étienne Manières d'un avoir considérable sur lequel il avait appris à compter dès sa plus tendre enfance. Étienne crut voir en cela l'œuvre des prêtres; toute sa vie il s'en souvint, en parla amèrement, et en ressentit contre tous les prêtres sans exception une aversion profonde qui dura autant que lui. A sa mort, le 20 avril 1840, il refusa les sacrements de l'Église.

Pierre Manières, mon père, épousa en 1819 Pétronille-Élisabeth Crespin, fille légitime de M. Alexis-Félix Crespin, *ancien curé de Maransin,* qui s'était marié pendant la Révolution à Marguerite-Geneviève-Félicité Lefebvre-Latour, fille d'une de Thomas et petite-fille d'une Dégrange, de Bayas, près Guîtres. M. Crespin, dont le père était coutelier, était né à Créon; il avait deux sœurs, l'une religieuse, l'autre mariée à M. Frugès.

3

Raymond Manières, mon oncle, s'unit en mariage vers la même époque à Jeanne-Zélia Coste, veuve de M. Hilaire Eyraud, fille de Pierre Hyacinthe Coste et de Jeanne Bayonne, et nièce de M. Coste qui fut, pendant plus de *30 ans, juge de paix* du canton de Créon.

En général, lorsqu'on est bien apparenté on en ressent quelque fierté, quelque orgueil; on aime à faire remarquer à l'occasion que l'on tient par les liens du sang et de la race à tel grand personnage, à tel haut dignitaire, à telle puissante famille, riche, honorable et honorée. Il semble qu'une certaine portion de leur gloire, de leur honorabilité, de leur fortune, de leur mérite rejaillisse sur nous. On s'expose aussi parfois, il est vrai, à des dédains, à des désaveux, à des démentis; mais en général, il faut le dire à la louange des grands, ils laissent généreusement cette suprême consolation aux membres déshérités de leur parenté qui en éprouvent le besoin.

C'est un peu d'après ces considérations et en réponse à des questions sans cesse réitérées que nous cherchons à établir, nous les Manières du Bordelois, que nous avons des liens de consanguinité avec les Manières du Périgord, c'est-à-dire avec MM. Manières, juges à Bordeaux et à Castres, et avec M. Manières, médecin à Verteillac, et M. Manières, notaire à Saint-Vincent de Neuvic, dans le Périgord.

C'est ainsi que, pour mon compte particulier, j'aime à me dire parent des Dethomas et Becquet, des Clément Thomas, des Desgranges-Touzin et autres Desgranges, des Moure, des Montangon, des Godrie, notaires, des Micheau, notaire, des Rousset, des Merlet et des Durand, notaire et pharmacien, des Chambord, notaire, des Robert, curé à Blaye ou à Saint-Nicolas, des Frugès, des Cordes, des Morange, maire de Libourne et sous-préfet de Lesparre, des Duffour, des Milhet, des Déjacques, des Cantenat, des Croizier, etc., etc.

C'est ainsi également qu'Armand Manières, mon très-cher cousin, se plaît à comprendre dans sa parenté et parmi ses plus proches parents, les Tallemon, les Ducasse, les Fabrè et les Montouroy, de Libourne.

Fait et rédigé à Bordeaux, le 20 juin 1868.

Alexis MANIÈRES.

Nota. — A cette même place mes bisaïeul et trisaïeul, plus huppés que moi, eussent signé très-lisiblement et très-aristocratiquement :

Pierre ou Guillaume de MANIÈRES DU BESSAN.

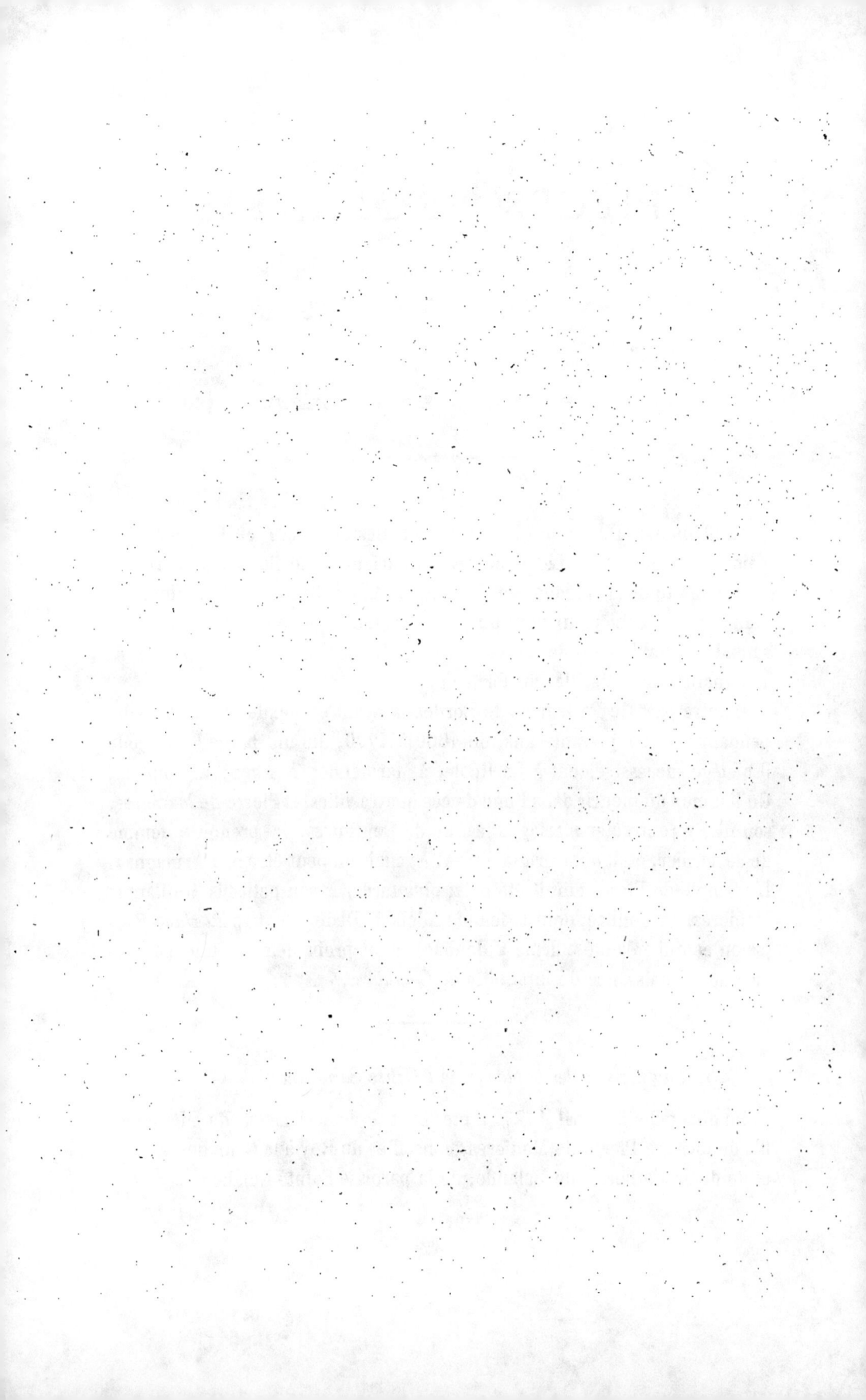

PIÈCES PROBANTES

FAMILLE MANIÈRES

NAISSANCES ET BAPTÊMES

Guillaume et Pierre de Manières Du Bessan, père et fils, n'étaient point nés à Bordeaux. Les membres du Parlement de Bordeaux se recrutant dans toute l'étendue de la généralité de Guienne, Guillaume de Manières, probablement natif du Périgord, ainsi que son fils, était venu sans doute habiter Bordeaux vers 1660, époque assignée par moi à sa nomination de Conseiller au Parlement.

D'autre part, le Parlement de Bordeaux ayant été exilé de cette ville pendant près de quarante ans, de 1660 à 1700, durant laquelle période il a siégé successivement à La Réole, à Marmande, à Agen, à Condom, Guillaume a dû mourir dans l'une de ces quatre villes, et Pierre de Manières, son fils, y contracter mariage. Jeanne de Couthures, la première femme de ce dernier, était donc originaire de l'Agenais ou peut-être de l'Armagnac. L'exemple de Pierre aurait été suivi plus tard par son petit-fils Guillaume Manières, de Bouliac, dont la femme Adélaïde Dedieu, native *du Haut-Pays* (selon ce qui m'a été affirmé à Bouliac), était probablement une parente ou une connaissance de la famille *de Couthures*.　　　A. M.

Extrait du registre des baptêmes de l'Église Saint-André de Bordeaux.

Du dimanche 27 avril 1727, a été baptisé Jean-Anaclet de Manières, fils de messire Pierre de Manières, conseiller du Roy à la Cour des Aydes, et de dame Catherine de Lalande, de la paroisse Sainte-Eulalie ;

Parrain : Jean Costa; marraine : Jeanne Got; il naquit hier à trois heures après-midi.

Signés : P. de MANIÈRES; X....., curé.

Extrait des registres de baptême de l'Église Saint-André de Bordeaux.

Du vendredi 4 septembre 1764, a été baptisé Etienne Manières, fils légitime de M. Jean-Anaclet Manières, avocat à la Cour, et de dame Jeanne-Rose Constant, paroisse Sainte-Eulalie.

Parrain : Etienne Pédesclaux-Chenault ;

Marraine : D^{lle} Jeanne-Élisabeth Manières, tante du baptisé, né ce matin, à une heure, le père absent.

Signés au registre :

CHENAULT DE PÉDESCLAUX, MANIÈRES,
et BERGEY, vicaire.

Extrait des actes de l'état civil de la commune d'Espessas.

Hier 27e jour du mois de floréal, l'an III de la République française, une et indivisible (ou le 17 mai 1795, vieux style), à dix heures du soir, est né Raymond Manières, enfant mâle jumeau, fils légitime de Etienne Manières et de Luce Bertholio, propriétaires, domiciliés à Candedat, commune d'Espessas.

Signés au registre :

E. MANIÈRES, Marie CONSTANT, et les deux
témoins RAIMOND RAIMOND, RAIMOND
CONSTANT, RAYMOND née CONSTANT, et
RULLIER, officier municipal.

NOTA. — En l'année 1795, on ne baptisait pas en France.

Extrait des registres de l'état civil de la commune d'Espessas.

Hier 27ᵉ jour du mois de floréal, l'an III de la République française, une et indivisible (ou le 17 mai 1795, vieux style), à dix heures du soir, est né Pierre Manières, enfant mâle jumeau, fils légitime de Etienne Manières et de Luce Bertholio, propriétaires, domiciliés à Candedat, commune d'Espessas.

Signés au registre :

E. Manières, Marie Constant, et les deux témoins Raimond Raimond, Raimond Constant, Raymond née Constant, et Rullier, *officier municipal.*

Nota. — En l'année 1795, on ne baptisait pas en France.

Extrait des actes de baptême de la paroisse d'Aubie et Espessas,
canton de Saint-André de Cubzac.

Le dix-huit juillet mil huit cent vingt, je, soussigné, curé de la paroisse d'Aubie et Espessas, ai baptisé une fille, née le seize juillet, de sieur Raymond Manières, propriétaire, et de dame Marie-Zélia Coste, son épouse, à laquelle enfant il a été donné le prénom de *Marie-Clémentine* (1). Le parrain a été Ovide Coriton, négociant; la marraine a été Marie-Clémentine Tallemon (2), épouse Coriton, l'un et l'autre domiciliés à Libourne, cousine issue de germain de la baptisée, du côté maternel. En foi de quoi, j'ai signé le présent acte. Signé : Peychaud, *curé d'Aubie et Espessas.*

Extrait des actes de baptême de la paroisse de La Ruscade.

Le vingt-cinq décembre mil huit cent vingt, je, soussigné, curé de la paroisse Saint-Exupéry de La Ruscade, ai baptisé un garçon, né à Momet,

---

(1) Enregistrée à l'état civil de la commune d'Aubie et Espessas sous le prénom de *Jeanne.*

(2) Sœur de M. Tallemon, de la maison Gueudet et Tallemon, rue Sainte-Catherine, à Bordeaux

le vingt-deux de ce mois, de Pierre Manières et de Pétronille-Elisabeth
Crespin, auquel il a été donné le prénom d'ALEXIS. Le parrain a été Alexis-
Félix Crespin et la marraine Marguerite-Geneviève-Félicité Lefebvre-
Latour, aïeul et aïeule du baptisé, du côté maternel. En foi de quoi, j'ai
signé le présent acte.

Signé : CALMELS, desservant.

Je, soussigné, certifie que cette copie est conforme à l'original.
La Ruscade, le 4 septembre 1856.

Signé : BELLOUMEAU, desservant de La
Ruscade.

Extrait des actes de baptême de la paroisse d'Aubie et Espessas.

Le six septembre mil huit cent vingt-deux, je, soussigné, desservant
de la paroisse d'Aubie et Espessas, ai baptisé un garçon, né le quatre de ce
mois, de Raymond Manières et de Marie-Zélia Coste, propriétaires, habitants de cette paroisse, auquel enfant il a été donné les prénoms de
Pierre-Hyacinthe (Armand). Le parrain a été Pierre-Hyacinthe Coste, et la
marraine a été Luce Bertholio; l'un aïeul maternel, et l'autre aïeule
paternelle du baptisé. En foi de quoi, j'ai signé le présent acte.

Signé : PEYCHAUD, desservant d'Aubie et
d'Espessas.

Je, soussigné, certifie que cette copie est conforme à l'original.
Aubie et Espessas, le 25 décembre 1874.

Signé : DIARS.

Extrait des actes de baptême de la paroisse de Gauriaguet.

Le seize janvier mil huit cent trente, je, soussigné, desservant de la
paroisse de Gauriaguet, ai baptisé un garçon, né le douze de ce mois à
Mélier, paroisse de Gauriaguet, de Raymond Manières et de Marie-Zélia
Coste, propriétaires, domiciliés de cette paroisse, auquel enfant il a été
donné le prénom d'ANTOINE-JOSEPH-ADRIEN. Le parrain a été Antoine-

Joseph Despujols, capitaine de navires, et la marraine a été Jeanne-Marie-Clémentine Manières, sœur du baptisé. En foi de quoi, j'ai signé le présent acte.   Signé : PEYCHAUD, *desservant d'Aubie et d'Espessas.*

Je, soussigné, certifie que cette copie est conforme à l'original.

    Signé : X. DIARS, *desservant de Gauriaguet.*

Gauriaguet, le 15 juin 1848.

Extrait des actes de baptême de la paroisse de La Ruscade.

Le dix-neuf août mil huit cent quarante-quatre, j'ai baptisé une fille, née au lieu de Maumet en cette paroisse, le deux mars dernier (ondoyée le trois mars par M. le Curé de Marcenais), fille légitime de M. Alexis *Manières* et de dame Marie-Inès Regnault, habitants dudit lieu, à laquelle enfant ont été donné les prénoms de *Marie-Lasthénie-Léontine.* Le parrain a été M. Jean Landreau, officier retraité, chevalier de la Légion d'honneur ; la marraine a été dame Marie-Henriette Reynier-Donnezac, veuve Dellaux, domiciliée à Artigues, l'un grand-oncle par alliance et l'autre grand'tante maternelle de la baptisée.

En foi de quoi, j'ai signé le présent acte.

    Signé : J.-M. BELLOUMEAU, *desservant de la paroisse de La Ruscade.*

Extrait des actes de baptême de la paroisse de La Ruscade.

Le quatorze mai mil huit cent quarante-six, j'ai baptisé une fille, née hier treize mai au chef-lieu de cette paroisse, fille de M. Alexis *Manières*, instituteur communal de La Ruscade, et de Marie-Inès Regnault, son épouse, habitants dudit lieu, à laquelle enfant il a été donné les prénoms de *Marie-Louise-Eugénie.* Le parrain a été sieur Pierre Regnault, ancien maire de La Ruscade, et dame Marie-Anne-Julie-Fanny Reynier-Donnezac, aïeul et aïeule maternels de l'enfant. En foi de quoi, j'ai signé le présent acte.   Signé : J.-M. BELLOUMEAU, *desservant.*

La Ruscade, le 15 mai 1870.

4

Extrait des actes de baptême de la paroisse de Saint-André de Cubzac.

Le vingt-cinq novembre mil huit cent cinquante-un, je, soussigné, vicaire de Saint-André de Cubzac, ai baptisé un garçon, né du 24 de ce mois, de *Antoine-Joseph-Adrien* MANIÈRES ét de *Jeanne-Zélie* BONAVEAU, son épouse, demeurant sur cette paroisse, auquel enfant a été donné le prénom de JEAN-EDOUARD. Le parrain a été *Jean Bonaveau*, et la marraine a été *Jeanne-Marie-Clémentine Manières*, l'un aïeul et l'autre tante du baptisé. En foi de quoi, j'ai signé le présent acte.

Signé : SORBIER, *vicaire.*

Je, soussigné, certifie que cette copie est conforme à l'original.
Saint-André, le 6 avril 1864.

Signé : PEYCHAUD, *archiprêtre, curé de Saint-André de Cubzac.*

Extrait des actes de baptême de la paroisse de Saint-André de Cubzac.

Le vingt août mil huit cent cinquante-quatre, je, soussigné, vicaire de Saint-André de Cubzac, ai baptisé une fille, née du dix de ce mois, d'Antoine-Joseph-Adrien Manières et de Jeanne-Zélie Bonaveau, son épouse, demeurant sur cette paroisse, à laquelle enfant a été donné le nom de *Thérèse-Danila*. Le parrain a été Jean Damour et la marraine Thérèse Bonaveau, oncle et tante de la baptisée. En foi de quoi, j'ai signé le présent acte. Signé : SORBIER, *vicaire.*

Je, soussigné, certifie que cette copie est conforme à l'original.
Saint-André, le 6 avril 1864.

Signé : PEYCHAUD, *archiprêtre, curé de Saint-André de Cubzac.*

Extrait des actes de baptême de la paroisse de Saint-Seurin de Bordeaux.

Le vingt août mil huit cent cinquante-six, je, soussigné, vicaire de la paroisse Saint-Seurin de Bordeaux, ai baptisé un garçon, né le onze de ce mois, de Antoine-Joseph-Adrien Manières et de Jeanne-Zélie Bonaveau, son épouse, auquel enfant a été donné le nom de *Jean-Maurice*. Le parrain a été Jean-Edouard Manières et la marraine Marie Bonaveau, l'un frère et l'autre tante du baptisé. En foi de quoi, j'ai signé le présent acte.

Signé : LAFON, vicaire.

Je, soussigné, certifie que cette copie est conforme à l'original.

Bordeaux, le 4 novembre 1874.

Signé : GAUSSENS, curé de Saint-Seurin.

Extrait des actes de baptême de la paroisse de Saint-André de Cubzac.

Le cinq mars mil huit cent cinquante-neuf, je, soussigné, vicaire de la paroise de Saint-André de Cubzac, ai baptisé un garçon, né le vingt-un février, de M. Pierre-Hyacinthe-Armand Manières et de dame Rose-Caroline Benoît, son épouse, auquel enfant il a été donné le prénom de *Pierre-Emile*. Le parrain a été Pierre Déjacques, de la paroisse de Lalande; la marraine a été Marie Sauveroche. En foi de quoi, j'ai signé le présent acte. Signé : SORBIER.

Je, soussigné, curé de Saint-André de Cubzac, certifie le présent acte conforme à l'original.

Saint-André de Cubzac, le 25 avril 1865.

Signé : PEYCHAUD, archiprêtre, curé de
Saint-André de Cubzac.

Extrait des registres des actes de baptême de la ville de Bordeaux.

Du 6 février 1725, a été baptisé *Jeanne-Elisabeth*, fille légitime de messire Pierre de MANIÈRES, conseiller à la Cour des Aydes, et de dame Catherine de Lalande, de la paroisse Sainte-Eulalie. Parrain, M. de Lalande, ancien maire de Bayonne; marraine, dame Elisabeth Dugay, aïeule maternelle, et à leur place Pierre de Lalande et Louise de Lalande. Naquit dimanche 4 de ce mois, à dix heures du matin.

Signés : MANIÈRES, de LALANDE, L. de
LALANDE, DALON, *vicaire*.

Extrait des registres des actes de baptême de la ville de Bordeaux.

Du 13 février 1726, a été baptisé *Marie-Antoinette-Catherine*, fille légitime de messire Pierre de Manières, conseiller à la Cour des Aydes, et de dame Catherine de Lalande, paroisse Sainte-Eulalie. Parrain, Antoine Maury, dit la Fortune ; marraine, Catherine Brousse. Naquit hier 12, à huit heures du matin. Signé : MANIÈRES.

Extrait des registres des actes de baptême de la ville de Bordeaux.

Du jeudi 1er novembre 1730, a été baptisé *Guillaume*, fils légitime de messire Pierre de Manières, conseiller à la Cour des Aydes, et de dame Catherine de Lalande, paroisse Sainte-Eulalie. Parrain, Guillaume Mellon ; marraine, Catherine Desbordes. Naquit hier à trois heures du matin.

Signés : MANIÈRES, Cath. DESBORDES,
MELLON, X..., *vicaire*.

Extrait des registres des actes de baptême de la ville de Bordeaux.

Du mercredi 29 août 1731, a été baptisé *Pierre*, fils légitime de messire Pierre de Manières, conseiller en la Cour des Aydes de Guienne, et de dame Catherine de Lalande, de la paroisse Sainte-Eulalie. Le parrain a été M. Pierre Descrouzilles, et la marraine Jeanne Barbot. Né ce matin à deux heures, le père absent.

Signés : DESCROUZILLES, J. BARBOT, MANIÈRES,
X..., *vicaire*.

NOTA. — Pierre de Manières et Jeanne de Manières étaient décédés à l'époque du testament de Catherine de Lalande, leur mère, en 1775, aussi déclare-t-elle dans cet acte n'avoir que trois enfants : *Jean-Anaclet, Catherine* et *Guillaume* MANIÈRES.

Pierre et Guillaume Manières frères (selon ce que m'a raconté mon oncle *Raymond* qui le tenait de son père *Etienne*) étaient allés aux colonies, à Saint-Domingue probablement. Guillaume seul en revint vers 1756 après la mort de son frère *Pierre*. Jeanne Manières, marraine d'Etienne Manières, est morte célibataire en 1771, comme je l'ai précédemment établi. Quant à Catherine Manières, leur sœur, je n'ai pu découvrir d'elle, dans les vieux registres, ni testament ni acte de sépulture. Peut-être n'est-elle pas morte à Bordeaux; peut-être encore a-t-elle imité l'exemple de sa tante, Mme Grolety de Laborie, et est-elle allée mourir, elle aussi, au couvent des Minimettes, après avoir gratifié l'Église de tout ce qu'elle possédait.

1° LIGNE PATERNELLE

Contrat de mariage de Messire Pierre de MANIÈRES, seigneur du Bessan.

(17 avril 1723.)

Au nom de Dieu, soit et sachent tous, présents et avenir, qu'aujourd'hui dix-septième d'avril mil sept cent vingt-trois, pardevant les notaires de Bordeaux soussignés,

Ont comparu :

Messire Pierre *de Manières*, conseiller du roi à la Cour des Aydes et Finances de Guyenne, seigneur du Bessan, qui a dit être veuf de dame Jeanne *de Coutures*, fils légitime de feu messire Guillaume de Manières, conseiller du Roy, référendaire en la Chancellerie près le Parlement de Guienne, et de dame Marie Gauzenne de Sauviac, habitant à Bordeaux, rue du Hà, paroisse Sainte-Eulalie, majeur et maître de ses droits, ainsi qu'il l'a déclaré;

Et demoiselle Catherine de Lalande, fille légitime de M. Pierre de Lalande-Gayon, ancien commissaire de la marine, et de dame Isabeau du Gué, habitant audit Bordeaux, rue des Menuts, paroisse Saint-Michel, procédant du consentement desdits sieurs de Lalande et de dame du Gué, ici présents, étant aussi assistée de messire Jean-Joseph d'Artigaux, conseiller du Roy à la Cour du Parlement et commissaire aux requêtes du

Palais, et dame Jeanne-Marie de Lalande, mari et femme, ses beau-frère et sœur, et autres soussignés ici présents, d'autre part,

Ont promis lesdits *seigneur de Manières* et la demoiselle de Lalande se prendre pour mari, femme, époux, et entre eux solenniser le saint sacrement de mariage suivant les rites de notre mère la sainte Église catholique, apostolique et romaine, lorsqu'ils s'en requerront ou seront requis, sous peine de tous dépens, dommages et intérêts.

En faveur et considération duquel mariage et pour aider à en supporter les charges, lesdits sieurs de Lalande et dame du Gué ont constitué et constituent en dot à ladite demoiselle future épouse leur fille, pour porter audit sieur futur époux, conjointement et solidairement l'un pour l'autre et l'un d'eux pour le tout, renonçant au bénéfice d'ordre, division et discussion, et par moitié autant du chef paternel que maternel, la somme de vingt-cinq mille livres, laquelle, quoique de nature de meubles, sera censée de nature de biens fonds immeubles, reversible à ladite demoiselle future épouse et aux siens, de son estoc et ligne pour n'en pouvoir disposer que conformément à la coutume.

En déduction de laquelle somme de vingt-cinq mille livres les sieurs de Lalande et dame du Gué en ont payé comptant, sur ces présentes, audit *seigneur de Manières,* futur époux, celle de dix-huit mille livres en bonne monnaie et pièces d'argent du cours et billets à ordre faits par des marchands de cette ville, de toute satisfaction et dont ils sont garants, que ledit *seigneur de Manières* a pris, reçus à concurrence desdites dix-huit mille livres, dont il a tenu et tient quitte lesdits sieurs de Lalande et dame du Gué, et ladite demoiselle future épouse, à laquelle il reconnaît et assigne, par ces présentes, ladite somme de dix-huit mille livres sur tous et un chacun de ses biens, meubles et immeubles, présents et à venir.

Et les sept mille livres restantes de ladite constitution, lesdits sieurs de Lalande et dame du Gué promettent et s'obligent de les payer en bel argent sonnant audit *seigneur futur époux* par tout le courant de la présente année, à peine de tous dépens, dommages et intérêts.

En recevant laquelle somme de sept mille livres, icelui *seigneur futur époux* sera tenu de la reconnaître et assigner comme il la reconnaît et assigne par ces présentes, reçue qu'elle soit, sur tous et un chacun de ses biens meubles et immeubles, présents et à venir.

Il est de plus convenu, au cas qu'il arrive audit sieur de Lalande des biens ou de nouvelles successions, il acquerra sur iceux, avant aucun des autres enfants, plus que la demoiselle future épouse, et audit cas, pareil et semblable avantage sur lesdits biens sera acquis à ladite demoiselle future épouse, dont en tant que de besoin il lui fait don et donation.

Et sont lesdits *seigneur* et demoiselle futurs époux associés comme ils s'associent en tous et chacun des biens que Dieu leur fera la grâce d'acquérir, lesquels acquêts appartiendront aux enfants qui naîtront dudit mariage, avec liberté d'en disposer chacun de sa moitié entre lesdits enfants, l'usufruit du tout réservé au survivant desdits seigneur et demoiselle futurs époux, soit qu'il y ait des enfants, soit qu'il n'y en ait point.

Gagnera le survivant sur les biens du premier décédé, la somme de trois mille livres pour gain de noces et agencement, de laquelle ils se font don l'un à l'autre.

Toutes les bagues et joyaux seront donnés à la demoiselle future épouse avant la bénédiction nuptiale, ou huit jours après, pour lui servir de propres et particuliers, et en outre ledit seigneur futur époux, en témoignage de l'affection particulière qu'il a pour ladite demoiselle future épouse, lui a reconnu et légué sur tous ses biens, chacun ses biens meubles et immeubles, la somme de quatre mille livres dont ladite demoiselle future épouse aura la faculté de disposer en faveur de ses enfants, et laquelle somme de quatre mille livres sera néanmoins reversible audit *seigneur* futur époux, si ladite demoiselle future épouse le prédécède sans enfants.

Et si le *seigneur* futur époux venait à décéder avant la demoiselle future épouse, elle fera les fruits siens des biens dudit seigneur futur époux jusqu'à ce qu'elle soit payée et remboursée en deniers comptants de sa dot et conventions matrimoniales, et sans que l'excédant dudit usufruit lui puisse être imputé sur son sort principal, ni réputé à usure, duquel excédant audit cas le *seigneur* futur époux fait don et donation à la demoiselle future épouse.

Et pour ce faire et entretenir lesdits *seigneur* et demoiselle future épouse, M. Pierre de Lalande et demoiselle du Gué, chacun pour l'effet des présentes conventions, ont obligé et obligent tous et un chacun leurs biens meubles, immeubles présents et à venir qu'ils ont, etc.

Fait à Bordeaux dans la demeure des sieurs de Lalande et dame du Gué, ledit jour. Signé à la minute demeurée au pouvoir de Bernard, l'un des deux notaires, pour avoir reçu dix-huit mille livres : Catherine de Lalande, Dugay de Lalande, Lalande d'Artigaux, d'Artigaux, du Lyon, Luce Michel, Benuch de Solon, De Sarailh, Pierre de Lalande fils aîné, Lamestrie et Bernard, notaires.

Contrôlé et insinué à Bordeaux, le 24 avril 1723, fol. 6, R. p. le Con^{lle} CLVIII VIII et pour l'insinuation LX, le tout compris les 4 p. — Signé : LECLERC.

Mariage de Pierre de Manières.

Le vingt-cinq avril, après la cérémonie des fiançailles et la publication d'un ban faite au prône de la messe paroissiale de dimanche dernier dans notre église Saint-Michel et pareille publication dans l'église de Sainte-Eulalie de cette ville, sans avoir découvert aucun empêchement civil ni canonique, vu la dispense des deux autres, ensemble la permission de célébrer ledit mariage dans la chapelle de Saint-Laurent, située dans la paroisse de Sainte-Eulalie, en date du vingt-deux dernier, signé Despujols, vicaire général, et plus bas Durand, loco secrétaire, ai imparti la bénédiction nuptiale dans ladite chapelle de Saint-Laurent, à messire Pierre de Manières, conseiller à la Cour des Aydes de Guienne, de la paroisse Sainte-Eulalie, et à demoiselle Catherine de Lalande, ma paroissienne, en présence des témoins, qui ont attesté la liberté et le domicile des parties. Signés au registre : Manières du Bessan, époux; Lalande, épouse; d'Artigaux, Laxion, Lalande, de Lespès, du Lyon, Depreilh, Lalande, d'Artigaux, Lesparre, Dalon, Benech de Solon, Dubergier, bénéficiers de Saint-Michel; les témoins susnommés ont attesté la liberté et le domicile des parties, savoir : M. Lalande, père de l'épouse; Dalbessard, avocat général au Parlement; de Laxion, écuyer; d'Artigaux, conseiller aux requêtes du Palais; du Lyon, écuyer; Lesparre, ancien officier; de Priest, écuyer, qui ont signé avec moi, Dalon, curé.

Pour extrait conforme au registre, délivré en l'Hôtel-de-Ville de Bordeaux, le 18 novembre 1874.

Signé : DUBAN, *adjoint.*

Contrat de mariage de Jean-Anaclet de MANIÈRES.

Pardevant les conseillers du Roy, notaires à Bordeaux, soussignés, furent présents :

M. Jean-Anaclet de MANIÈRES, avocat au Parlement, demeurant audit Bordeaux, rue du Hâ, paroisse Sainte-Eulalie,

Fils légitime de défunt M. Pierre de Manières, conseiller du Roy en la Cour des Aydes de Guienne, et de dame Catherine de Lalande, procédant comme majeur et en vertu de trois actes de sommation respectueuse faits à sa requête à ladite dame de Lalande, sa mère, pour consentir à son mariage avec la demoiselle ci-après nommée, le premier desdits actes en date du quinze, le second du dix-neuf et le troisième du vingt-trois du mois de décembre dernier, signifiés par Brun, huissier, et dûment con[lés] lesquels, après avoir été dudit sieur de Manières, certifiés véritables et de lui contresignés *ne varietur* et desdits notaires, soussignés, à sa réquisition, ont été remis à Fatin, l'un d'iceux, pour demeurer annexés à ces présentes, d'une part ;

Et demoiselle Jeanne-Rose Constant, fille légitime de défunt sieur Arnaud Laurent Constant, bourgeois de Bordeaux, et de demoiselle Jeanne Coste, demeurant avec ladite demoiselle Coste, sa mère, rue Sainte-Catherine, paroisse Saint-Maixant, procédant comme majeure et du consentement de sa dite mère à ce présente et de l'agrément de M. Mathurin Constant, procureur au Parlement de Bordeaux, son frère, aussi ici présent, d'autre part;

Entre lesquels ont été faits et arrêtés les articles et conventions de mariage qui suivent :

Premièrement : Lesdits sieur Jean de Manières et demoiselle Jeanne-Rose Constant ont promis se prendre l'un et l'autre pour mari et femme et légitimes époux, et à cet effet solenniser entre eux le Saint-Sacrement de mariage en face de l'Eglise catholique, apostolique et romaine, lorsque l'un d'eux en requerra l'autre, à peine de tous dépens, dommages et intérêts.

En faveur duquel mariage et pour aider en supporter les charges, ladite demoiselle Coste constitue en dot à ladite demoiselle Constant, sa fille, future épouse, la somme de trois mille trois cents livres, laquelle sera réputée de nature d'immeuble propre à ladite future épouse, à elle reversible et aux siens de son estoc et ligne, en déduction de laquelle somme ladite demoiselle Coste a payé et délivré réellement comptant, sur ces présentes, audit sieur de Manières, futur époux, des deniers à elle prêtés et avancés en présence desdits notaires, soussignés, au même instant, par ledit sieur Constant, son fils, en écus d'argent de six livres pièce, celle de trois cents livres, laquelle ledit sieur de Manières a comptée, prise et devers lui retirée à la vue de nous dits notaires, et la reconnaît et a signé, en faveur de ladite demoiselle future épouse, sur tous ses biens présents et à venir.

Et à l'égard des trois mille livres restantes, elles ne seront payables qu'un an après le décès de ladite demoiselle Coste, sans intérêt, sauf seulement pour l'année qui courra du jour dudit décès.

Ladite demoiselle Coste a, de plus, compté et délivré à ladite demoiselle Constant, sa fille, future épouse, aussi des deniers qui lui ont été tout présentement prêtés et avancés par ledit sieur Constant, son fils, la somme de deux cents livres pour subvenir aux dépenses ès-quelles ladite demoiselle Constant se trouve exposée, à raison du présent mariage, laquelle dite somme ladite demoiselle Constant à prise et reçue à la vue de nous dits notaires dont elle a remercié ladite demoiselle Coste, sa mère; et cette dernière, de son côté, reconnaît et a signé tant ladite somme de deux cents livres que celle de trois cents livres audit sieur Constant, son fils, sur tous ses biens.

En même faveur dudit mariage, lesdits futurs époux se constituent, chacun en droit soy, tous leurs biens et droits échus et à échoir, en quoi qu'ils puissent consister et qu'ils ont déclaré être de la valeur, les deux parts ensemble, de la somme de six mille sept cents livres, revenant, toutes lesdites constitutions, ensemble à la somme de dix mille livres; ce qui fait quant à présent la totalité de leurs biens.

Ladite demoiselle future épouse fait et constitue pour son procureur général et spécial ledit sieur de Manières, futur époux, auquel elle donne pouvoir de faire la recherche et recouvrements de ses dits biens et droits, les vendre, céder et aliéner, soit les mobiliers, soit les immobiliers, à tels pactes, prix et conditions, sous telles réserves et à telles personnes que ledit sieur futur époux jugera à propos, faire tous partages avec ou sans soulte, liciter lesdits biens immeubles, recevoir le prix du tout, ensemble toutes les sommes capitales et intérêts qui pourront être dus à ladite demoiselle future épouse, à quel titre que ce soit, sans que ledit sieur futur époux soit tenu d'en faire emploi, donner caution ni autre sûreté que ses simples quittances, lesquelles auront le même effet que si la demoiselle future épouse les donnait elle-même.

Laquelle les approuve et ratifie d'ores et déjà, mais seulement sera tenu ledit sieur futur époux, en recevant lesdites sommes, de les reconnaître et assigner en faveur de ladite demoiselle future épouse, ainsi qu'il les lui reconnaît et assigne dès à présent, reçues qu'il les ait, sur tous ces biens présents et à venir.

Lesdits futurs époux s'associent moitié par moitié en tous les acquêts que Dieu leur fera la grâce de faire pendant leur présent mariage, lesquels appartiendront aux enfants qu'il pourra en provenir, faculté néanmoins réservée auxdits futurs époux de pouvoir avantager, chacun de sa moitié desdits acquêts, tel ou tel de leurs enfants que bon semblera, et n'en ayant pas, chacun disposera à sa volonté de sa dite moitié d'acquêts ; l'usufruit et jouissance de tous lesdits acquêts aussi réservés au survivant desdits futurs époux pendant sa vie, qu'il y ait des enfants ou non dudit mariage.

Outre les bagues et joyaux que ledit sieur futur époux est en intention de donner à ladite demoiselle future épouse, il lui reconnaît et assigne sur tous ces biens présents et à venir la somme de cinq cents livres dont il fait don et donation à ladite demoiselle Constant, future épouse, pour plus amples bagues et joyaux, pour par elle en faire et disposer à sa volonté, laquelle dite somme sera néanmoins reversible audit sieur futur époux au cas que ladite demoiselle future épouse vienne à décéder avant lui sans enfant.

Le survivant desdits futurs époux gagnera sur les biens du premier décédé la somme de cinq cents livres, dont le premier mourant fait don et donation au survivant pour gain de noces et agencement.

Pour l'exécution des présentes, lesdites parties, chacune en droit soy, obligent, affectent et hypothèquent tous leurs biens présents et à venir qu'elles ont soumis à justice.

Fait et passé à Bordeaux dans la demeure desdits demoiselle et sieur

Constant, mari et enfants, le septième janvier mil sept cent soixante.

Signé : Manières, futur époux; Jeanne-Rose Constant, future épouse; Coste, veuve Constant, Constant, Darverel et Fatin, ces deux derniers notaires.

Contrôlé à Bordeaux, le huit janvier mil sept cent soixante, folio quarante-sept. Reçu soixante-six livres quatre sols pour le contrôle du mariage, dix-huit livres pour le quatre dixième.

Signé : Poisson.

Expédié et collationné par M⁰ Briol, notaire à Bordeaux, soussigné, sur la minute dudit contrat de mariage étant en son pouvoir comme successeur médiat et détenteur des minutes dudit M⁰ Fatin, ancien notaire à Bordeaux.

Signé : Briol.

Actes de respect.

Suit la teneur des actes de respect :

A la requête de M. Jean-Anaclet de Manières, avocat en la Cour, demeurant à Bordeaux, rue du Hâ, paroisse Sainte-Eulalie, soit déclaré et signifié à dame Catherine de Lalande, sa mère, veuve de M. de Manières, conseiller du Roy en la Cour des Aydes de Guienne, que ledit requérant ayant formé depuis longtemps le dessein de s'unir en mariage avec demoiselle Jeanne-Rose Constant, qui forme un parti très-sortable, en a fait part à la dame sa mère, et l'a très-humblement priée et fait prier d'agréer ledit mariage, laquelle dite dame, malgré les présentes supplications qui lui ont été faites de la part du requérant, soit de la part des autres personnes qu'il a intéressées auprès d'elle, a constamment refusé son consentement, et, comme ledit sieur requérant a atteint l'âge de trente ans prescrit par les ordonnances, il se trouve obligé d'en profiter, sans pourtant entendre s'écarter du respect qu'il doit à ladite dame sa mère.

A cet effet, il lui adresse très-respectueusement le présent acte, la supplie et requiert très-humblement de consentir à son mariage avec ladite demoiselle Constant, dont le mérite, les mœurs et les qualités lui sont connues, et, à son refus, la supplie de trouver bon qu'il se serve du bénéfice des lois et ordonnances et, ce faisant, qu'il s'établisse en mariage avec ladite demoiselle Constant en se servant des formalités prescrites par les saints canons, les ordonnances en arrêt de règlement, sous les sincères protestations toujours pour la dame sa mère, vu attachement et vu respect inviolables, dont acte aussi.

Signé : de Manières.

Contrôlé à Bordeaux, le 24 décembre 1759, folio 89. Reçu trois livres douze sols compt. les 4 p.

Ainsi signé : Goislon.

Signifié le quinze décembre mil sept cent cinquante-neuf à la dame Catherine de Lalande, veuve de M. de Manières, en son domicile parlant à une servante.

Signé : Brun, *huissier audiencier en l'amirauté de Guienne.*

Signifié le dix-neuf décembre mil sept cent cinquante-neuf à la dame Catherine de Lalande, veuve de M. de Manières, à Bordeaux sur le port et *Lubre* d'icelle ville près la porte du Cailleau, au domicile de ladite dame veuve de Manières, en parlant à une servante.

Signé : Brun, *huissier audiencier en l'amirauté de Guienne.*

Signifié le vingt-trois décembre mil sept cent cinquante-neuf à ladite dame Catherine de Lalande, veuve de M. de Manières, à Bordeaux, sous la porte et Lubre de cette ville, en parlant à une servante.

Signé : Brun, *huissier audiencier en l'amirauté de Guienne.*

Extrait du registre des actes de mariage de l'an 1760

L'an mil sept cent soixante et le vingt-un du mois de janvier, après la cérémonie des fiançailles faite dans notre Eglise entre M. *Jean-Anaclet* de Manières, avocat au Parlement, habitant de la paroisse Sainte-Eulalie de cette ville, fils majeur et légitime de feu M. Pierre de Manières, conseiller du Roy en la Cour des Aydes de Guienne, et de dame Catherine de Lalande, ayant procédé comme majeur en vertu de trois actes de sommations respectueuses faits à sa requête à la dame de Lalande, sa mère, en date des quinze, dix-neuf et vingt-trois décembre derniers, signifiés par Brun, huissier, comme il m'a paru sur l'extrait du contrat de mariage, auquel ils ont été annexés, expédié le septième du courant par M⁰ Fatin, notaire de cette ville, d'une part, — et demoiselle *Jeanne-Rose* Constant, habitante de cette paroisse, fille majeure et légitime de feu Arnaud-Laurent Constant, bourgeois de Bordeaux, et de demoiselle Jeanne Coste, ayant procédé de son consentement, d'autre part; et après avoir publié un ban au prône de la messe paroissiale de notre Eglise, le dimanche treize du courant, sans avoir découvert aucun empêchement à leur futur mariage, semblable publication ayant aussi été faite dans la paroisse de Sainte-Eulalie, et les parties ayant obtenu la dispense des deux bans qui restent à publier, tant dans cette paroisse que dans celle de Sainte-Eulalie, et encore la dispense des trois bans à publier en conséquence de l'ordonnance du diocèse au domicile de ladite dame de Lalande, l'acte desdites dispenses en date du dix-neuf du courant et signé de Monseigneur l'Archevêque, je, soussigné, leur ai imparti la bénédiction nuptiale dans notre Eglise, aux formes ordinaires et en présence des quatre témoins bas nommés, savoir : Mathurin Constant, procureur au Parlement, frère de l'épouse; sieur Silvestre Fatin, notaire de cette ville; François Eyquard, praticien, et Nicolas Lanton, sacristain, tous habitants de cette paroisse, lesquels témoins, l'époux et l'épouse ont signé avec nous.

Signé au registre : MANIÈRES, époux; Jeanne-Rose CONSTANT, épouse; CONSTANT, FATIN, EYQUARD, LANTON; LAPOUZE, curé de Saint-Mexant.

Pour extrait conforme au registre, délivré en l'Hôtel-de-Ville de Bordeaux, le 16 janvier 1875.   *L'adjoint du maire* DUBAN.

Contrat de mariage d'Etienne MANIÈRES.

Pardevant les notaires publics à Bordeaux, soussignés, ont été présents :

Le citoyen Etienne MANIÈRES, sans profession, demeurant rue Saint-Jean, paroisse Sainte-Croix de cette ville, fils légitime du citoyen Jean-Anaclet Manières, homme de loi, et de la citoyenne Jeanne-Rose Constant, procédant comme majeur et du consentement de ses père et mère, suivant l'acte du trois frimaire courant retenu par le citoyen Denieau, notaire du canton de Saint-André, copie duquel ledit citoyen Manières, a signée pour *ne varier* et remise pour demeurer annexée à ces présentes, d'une part;

Et la citoyenne Luce Bertholio, demeurant rue Bonafoux, paroisse Saint-Seurin, fille légitime du citoyen Louis Bertholio et de la citoyenne Marguerite Duplantier, procédant comme majeure et du consentement de ses père et mère ici présents, assistée du citoyen Joseph Bertholio, son frère, et de l'avis des parents et amis, soussignés, d'autre part;

Entre lesquelles parties ont été faites et arrêtées les conventions du mariage proposé entre lesdits citoyen Etienne Manières et la citoyenne Luce Bertholio qu'ils promettent célébrer à la première réquisition de l'un d'eux ou de leurs parents et amis, soussignés, aux formes ordinaires et aux peines de droit.

En faveur duquel mariage la dame Duplantier mère, autorisée du citoyen Bertholio, son mari, constitue en dot à la future épouse, sa fille, la somme de quatre mille livres qu'elle ne pourra exiger qu'après le décès tant d'elle mère que du citoyen Bertholio, son mari, et sans intérêts jusqu'alors.

Sera tenu le futur époux de faire reconnaissance de ladite somme, lorsqu'il la recevra à la future épouse, ainsi qu'il la lui fait dès à présent sur tous ses biens présents et à venir.

Le futur époux, conformément à l'acte ci-dessus énoncé, se constitue les biens présents et à venir de ses père et mère, desquels il ne pourra jouir qu'après leur décès, jusques auquel temps la jouissance leur en demeure réservée, et en attendant les futurs époux seront logés, nourris et entretenus, tant en santé qu'en maladie, ainsi que les enfants qui proviendront du mariage, en la demeure et compagnie des citoyens Manières, et au cas d'une séparation volontaire ou autrement, ces derniers serviront à leur fils une pension annuelle de la somme de huit cents livres, payables six mois par six mois et d'avance sans retenue d'impositions ni autres charges, et ainsi qu'il est expliqué audit acte.

Seront associés les futurs époux moitié par moitié en tous les acquêts qu'ils feront pendant leur mariage, la jouissance du total desdits acquêts demeurant réservée au survivant des futurs époux, qu'il y ait ou non des enfants dudit mariage.

Le futur époux, voulant donner des preuves de l'amitié qu'il a pour la future épouse, lui fait donation de la somme de dix mille livres pour la future épouse en jouir et disposer à sa volonté dans le cas seulement où le futur époux viendrait à la prédécéder.

Déclarant le futur époux que la cote d'habitation du citoyen son père est de quarante sols, et qu'il est son seul enfant.

Et pour l'exécution des présentes les parties obligent tous leurs biens présents et à venir.

Fait et passé à Bordeaux dans la demeure du père de la future épouse, le six frimaire de l'an second de la République française une et indivisible (répondant au vingt-six novembre mil sept cent quatre-vingt treize, vieux style), après midi et ont signé.

Signé à la minute : E. MANIÈRES, futur époux; Luce BERTHOLIO, future épouse; Louis BERTHOLIO, Marguerite DUPLANTIER-BERTHOLIO, BERTHOLIO, SEGUR-DUBOS, BAGOT, SEGUR, Marguerite BATAILHEY, BATAILHEY, DESPIET et HAZERA, ces deux derniers notaires.

Enregistré à Bordeaux le 7 frimaire l'an II de la République. Reçu soixante livres.   Signé : BOYER.

Suit la teneur de la pièce annexée :

Aujourd'hui trois frimaire de la seconde année de la République française, le vingt-trois novembre mil sept cent quatre-vingt treize (vieux style),

Pardevant le notaire public au département du Bec-d'Ambès, district de Bourg, canton de Saint-André, soussigné, témoins bas nommés, ont comparu :

Le citoyen Jean-Anaclet Manières, homme de loi, et la citoyenne Jeanne-Rose Constant, conjoints, cette dernière dûment autorisée du citoyen son mari pour l'effet des présentes, habitants de la ville de Bordeaux, rue Saint-Jean, 192, paroisse Sainte-Croix, présentement sur leur bien de campagne, paroisse d'Espessas en Cubzaguès.

Lesquels consentent par ces présentes que le citoyen Etienne Manières, leur fils unique, se marie avec la citoyenne Luce Bertholio, fille du citoyen Louis Bertholio et de la citoyenne Duplantier, habitants de ladite ville de Bordeaux, en observant le mode prescrit par les lois; qu'à l'effet il passe contrat de mariage et que par icellui il se constitue tous les biens présents et à venir desdits constituants. Desquels ils lui font donation en faveur dudit mariage, desquels biens cependant, leur dit fils ne pourra jouir qu'après le décès desdits constituants jusqu'auquel temps ils s'en réservent la jouissance ; stipulera par ledit contrat de mariage que les futurs époux demeureront en la compagnie desdits constituants, où ils seront logés, nourris et entretenus, tant en santé qu'en maladie, ainsi que les enfants qui proviendront dudit mariage, et en cas de séparation lesdits constituants consentent qu'il soit stipulé par ledit contrat de mariage qu'il sera payé audit cas, ainsi qu'il s'y obligent, audit futur époux, leur fils, une pension annuelle en attendant leur décès, de huit cents livres, payable chaque année six mois par six mois d'avance et quitte de toutes retenues d'impositions créées ou à créer, approuvant et ratifiant tout ce qui sera fait par ledit futur époux leur fils, en conséquence des présentes de quoi ils m'ont requis acte octroyé.

Fait et passé dans ladite paroisse d'Espessas, maison dudit citoyen Manières, en présence d'Elie Massé, vigneron, habitant dudit Espessas, et François Dumezil, laboureur, habitant de la paroisse de Virsac, témoins requis, les parties et ledit Massé ont signé, et ledit Dumezil a déclaré ne le savoir faire, de ce interpellé.

Signé à la minute : MANIÈRES, CONSTANT, MANIÈRES, MASSÉ, et le notaire, soussigné.

Enregistré à Saint-André, le 4 frimaire de l'an II de la République française une et indivisible. Reçu vingt sols. — Signé : MORINET.

Signé : DENIEAU, *notaire*.

Expédié et collationné par Mᵉ Alcide Gautier, notaire à Bordeaux, soussigné, sur la minute dudit contrat de mariage et l'expédition dudit consentement, le tout étant en son pouvoir comme successeur médiat dudit Mᵉ Hazera et détenteur des minutes de son exercice.

Signé : GAUTIER.

Extrait des actes de l'état civil de la commune de Bordeaux.

Du 7 frimaire an II (27 décembre 1794), mariage de Etienne Manières, âgé de 32 ans, natif de Bordeaux, citoyen domicilié rue Saint-Jean, 192, section 22, fils de Jean-Anaclet Manières, homme de lois, et Mlle Jeanne-Rose Constant, habitants de Bordeaux, d'une part;

Et de Luce Bertholio, âgée de 32 ans, native de Bordeaux, rue Bonafoux, 12, section 17, fille de Louis-Joseph Bertholio, écuyer-calvaca-dour, et de Marguerite Du Plantier, habitants de Bordeaux, d'autre part.

Signé au registre : E. MANIÈRES, époux; Luce BERTHOLIO, épouse; les témoins, MARGEON, *huissier*; D. RAUZET aîné, Jean LAUJACQ, BORDELOIS; Jh. BERTHOLIO, et SUDREAU, *officier public*.

Contrat de mariage de Pierre MANIÈRES.

Pardevant Arnaud Godrie, notaire royal à la résidence de Cavignac, commune du même nom, canton de Saint-Savin, arrondissement communal de Blaye, département de la Gironde, en présence des témoins ci-après nommés.

Ont comparu :

M. *Pierre* MANIÈRES, propriétaire, fils légitime de M. Etienne Manières, aussi propriétaire, et de dame Luce Bertholio, avec lesquels il demeure sur la commune d'Espessas,

Stipulant, comme majeur en présence dudit sieur son père, de son consentement et de celui verbalement donné par la dame sa mère, ainsi qu'il l'a déclaré, et de l'agrément de ses parents et amis qui signeront ci-après, d'une part;

Et Mlle *Pétronille-Élisabeth* CRESPIN, fille légitime de M. Alexis Crespin, propriétaire, et de dame Marguerite-Félicité Lefebvre-Latour, avec lesquels elle demeure au lieu de Maumet, commune de La Ruscade, « stipu-» lant en présence et des consentements de ses dits père et mère « et de l'agrément de ses parents et amis qui signeront aussi ci-après, » d'autre part;

Les sieur et demoiselle comparants des consentements et agréments que dessus, en vue du mariage entre eux deux proposé et dont les proclamations seront incessamment faites aux formes voulues par la loi, ont par ces présentes réglé et arrêté les conventions d'icelui ainsi et de la manière qui suit :

Article premier. — L'intention des sieur et demoiselle futurs époux est de se marier sous le régime de la communauté réduite aux acquêts qu'ils feront pendant leur mariage et qui proviendront seulement des revenus de leurs biens, gains et industrie.

Art. 2. — Lesdits sieur et demoiselle futurs époux voulant se donner réciproquement des preuves non équivoques de leur amitié, la demoiselle future épouse, du consentement de ses dits père et mère, se font donation mutuelle et réciproque, le premier mourant au survivant, de l'usufruit et jouissance de l'universalité de leurs biens et droits, sauf la réduction voulue par la loi, au cas prévu par icelles, et sans que pour raison de ce don de jouissance ledit survivant soit tenu à faire inventaire, ni à donner caution, de quoi il est dispensé par le prémourant.

C'est ainsi que le tout a été convenu, voulu, stipulé et accepté par les futurs époux ; qui, pour l'exécution des présentes font les obligations et soumissions ainsi que de droit.

Dont acte :

Fait, passé et lu au domicile de la demoiselle épouse future et de ses père et mère, le vingt-sept octobre mil huit cent dix-huit, au matin, en présence de Mathurin Mottut et de Jean Dureau, propriétaires-agriculteurs, demeurant sur la commune de La Ruscade, témoins à ce requis, qui ont signé avec les sieur et demoiselle futurs époux, leurs pères et mères, parents, assistants et nous notaire.

La minute est signée : Isabelle Crespin, Pre Manières, Félicité Lefebvre-Latour, E. Manières, Crespin, Batailhey, Rd Manières, Clarice Belloumeau, Julie Latour, Landry, Reynier Donnezac, Philibert Donnezac, Marguerite Léfebvre-Latour, Merlet, Regnault, Dureau, Mottut, Godrie, ce dernier notaire, et Lucie Manières, née Bertholio.

Enregistré à Bourg, le dix novembre mil huit cent dix-huit, folio 129, verso case 9. Reçu dix francs et un franc pour le décime. — Signé : Peychaud.

L'an mil huit cent soixante-quinze, le huit janvier, collation des présentes a été faite par Mᵉ Ansault, notaire à La Ruscade, sur la minute dudit contrat étant en sa possession en sa qualité de successeur médiat dudit Mᵉ Godrie.

Extrait du registre des actes de l'état civil de la commune d'Aubie et Espessas, déposés au greffe du Tribunal civil de Bordeaux (Gironde).

L'an mil huit cent dix-huit et le dix-sept du mois de novembre par-devant nous adjoint officier public de l'état civil de la commune d'Aubie et d'Espessas, arrondissement de Bordeaux, département de la Gironde, sont comparus sieur *Pierre* MANIÈRES, âgé de vingt-trois ans six mois, né à Espessas, le vingt-huit floréal an troisième de la République, domicilié à Espessas, fils majeur de sieur Etienne Manières et de dame Luce Ber-tholio, habitants d'Espessas, présents et consentants, d'une part ;

Et demoiselle *Pétronille-Elisabeth* CRESPIN, âgé de dix-sept ans un mois, née à La Ruscade le trente vendémiaire an dix, fille de sieur Alexis Crespin, propriétaire, habitant de La Ruscade, présent et consentant, et de dame Marguerite-Félicité Lefebvre-Latour, consentante, lesquels nous ont requis de procéder à la célébration du mariage projeté entre eux et dont les publications ont été faites devant la principale porte de la maison commune à La Ruscade et Espessas, savoir : la première, le premier du mois courant et la seconde le huit suivant dans la commune de La Ruscade. La première publication a eu lieu le premier du courant, et la seconde le huit suivant ainsi qu'il résulte du certificat délivré par M. le Maire de La Rus-cade. Aucune opposition audit mariage ne nous ayant été signifiée, et faisant droit à leur réquisition après avoir donné lecture de toutes les pièces produites et du chapitre six du titre du Code civil intitulé du mariage, avons demandé au futur époux et à la future épouse s'ils veulent se prendre pour mari et femme. Chacun d'eux ayant répondu séparément et affirmativement, déclarons, au nom de la loi, que le sieur *Pierre* MANIÈRES et la demoiselle *Pétronille-Elisabeth* CRESPIN sont unis en mariage. De quoi avons dressé acte en présence des sieurs Pierre Regnault, propriétaire, habitant de La Ruscade, cousin-germain de l'épouse, âgé de vingt-quatre ans ; de Laurent Landès, cultivateur, âgé de trente-huit ans ; de sieur Raymond Manières, propriétaire, âgé de vingt-trois ans, frère de l'époux ; de Pierre

Argouet, cultivateur, âgé de trente-neuf ans, tous habitants d'Espessas, lesquels, après leur avoir donné lecture du présent acte, ont signé à l'exception du témoin Argouet qui a déclaré ne savoir, de ce interpellé par nous.

Signé au registre : MANIÈRES, époux ; Isabelle CRESPIN, épouse ; CRESPIN père, E. MANIÈRES, Rᵈ MANIÈRES, REGNAULT, LANDÈS, LEFEBVRE-LATOUR sa mère ; LEYDET, adjoint.

Délivré à Bordeaux, le 9 février 1875.

Le greffier du Tribunal civil,
Signé (ILLISIBLE).

Extrait des actes de mariage de la paroisse de La Ruscade en Cubzaguès, du 16 février 1819.

Je, soussigné, desservant de la paroisse de La Ruscade, après avoir publié pendant trois dimanches consécutifs, et ce sans empêchement, trois bans de mariage entre Pierre MANIÈRES, propriétaire, fils de Etienne Manières et de dame Luce Bertholio, habitants de la paroisse d'Espessas, réunie à celle d'Aubie, et Pétronille-Elisabeth CRESPIN, fille de sieur Félix-Alexis Crespin et de dame Marguerite-Geneviève-Félicité Lefebvre-Latour, habitant du lieu de Maumet, en cette paroisse, leur ai imparti la bénédiction nuptiale en présence de Pierre Lalande et de Louis Ferchaud. En foi de quoi, j'ai signé au registre le présent acte.

Signé : CALMELS.

Je certifie la présente copie conforme à l'original.

La Ruscade, le 15 janvier 1870.

Signé : J.-M. BELLOUMEAU, *desservant de la paroisse de La Ruscade.*

Contrat de mariage de Raymond MANIÈRES

Pardevant Jean Chevalier et son collègue, notaires à Libourne (Gironde), soussignés, sont comparus :

M. *Raymond* MANIÈRES, propriétaire, habitant de la commune d'Espessas, canton de Saint-André de Cubzac, âgé d'environ vingt-trois ans, fils légitime de M. Etienne Manières, aussi propriétaire, demeurant dans ladite commune d'Espessas, et de dame Luce Bertholio, procédant comme majeur et du consentement dudit sieur Étienne Manières, son père, ici présent, d'une part;

Et de dame *Marie-Zélia* Coste, veuve de sieur Charles-Hilaire Eyraud, fille légitime de sieur Pierre-Hyacinthe Coste, ancien capitaine de navire du commerce et actuellement propriétaire, et de dame Jeanne Bayonne, demeurant avec ses père et mère sur la commune de Sallebœuf, canton de Créon, agissant du consentement de M. son père, exprimé dans sa procuration qu'il a transmise à sieur Jean Teynac fils, constructeur, demeurant à Libourne, laquelle procuration sous signature-privée en date de Sallebœuf du huit de ce mois, enregistrée à Libourne ce jour par le sieur Pagua, qui a reçu deux francs vingt centimes, est demeurée annexée à ces présentes, après avoir été contresignée dudit sieur Teynac et encore du consentement de dame sa mère ici présente, d'autre part;

Les partis arrêtent les conventions civiles du mariage projeté entre ledit sieur Manières et la dame Coste de la manière suivante :

ARTICLE PREMIER. — Les époux déclarent se marier sous le régime simple de la communauté réduite aux acquêts, qui sera réglé par les articles quatorze cent quatre-vingt-dix-huit et quatorze cent quatre-vingt-dix-neuf du Code civil.

ART. 2. — Les époux se font respectivement donation de la jouissance de tous leurs biens, meubles et immeubles qu'ils auront à leur décès, se dispensant de donner caution à raison de cette jouissance.

ART. 3. — La future épouse, voulant donner des preuves de sa confiance au futur époux, déclare ici lui donner pouvoir de faire la recherche de tous ses droits, même de vendre, aliéner, échanger tout ou partie de ses biens immeubles, d'en toucher le prix, en fournir quittance, sans être tenu d'en faire l'emploi, ni d'en rendre compte à qui que ce soit, s'en rapportant à cet égard à sa prudence et à son honnêteté.

ART. 4. — En considération du mariage, M. Manières père constitue à son fils futur époux, de son chef : 1° un domaine appelé Candédat, situé dans la même commune d'Espessas, canton de Saint-André de Cubzac, consistant en bâtisse pour le maître, logement de métayer, grange, étable à bétail, cuvier, chais, vaisseaux vinaires, bétails gros et menus, meubles meublants et autres objets mobiliers, jardin, eysines, charmille, terre labourable, vignes et autres natures de fonds, formant un seul corps d'exploitation ; 2° un autre domaine appelé Rudeau, situé dans la même commune d'Espessas, consistant en terre labour, vignes et prairies, également en un seul corps d'exploitation, pour ne jouir dudit objet qu'après le décès dudit sieur Manières père et de la dame Bertholio son épouse, laquelle constitution est faite par ledit sieur Manières père à son fils par préciput et hors part, le revenu desquels domaines est évalué à trois cents francs, ainsi que le tout a été convenu et arrêté entre les parties.

Fait et passé à Libourne, au domicile de la future épouse et lu aux parties le vingt-cinq mars mil huit cent dix-neuf.

Ont signé à la minute : M. MANIÈRES père, la dame COSTE, le sieur TEYNAC, autres assistants, et JANNEAU et CHÉVALIERS, ces deux derniers notaires.

Enregistré à Libourne, le premier avril mil huit cent dix-neuf, folio 182, verso case 2, 3 et 4. Reçu cent sept francs vingt-cinq centimes.

Signé : PERRIER.

Suit la teneur de la procuration annexée :

Je, Pierre-Hyacinthe Coste, ancien capitaine de navire du commerce et actuellement propriétaire, habitant de la commune de Sallebœuf, ayant pour agréable le mariage de Marie-Zélia Coste, veuve de Charles-Hilaire Eyraud, ma fille, avec M. Raymond Manières fils, propriétaire, habitant de la commune d'Espessas, canton de Saint-André de Cubzac, déclare donner mon consentement audit mariage, et pour exprimer ledit consentement, soit devant le notaire qui en retiendra les conditions civiles, soit devant l'officier public qui en fera la célébration, soit partout ailleurs, je charge M. Jean Teynac fils, à Libourne, de me représenter.

Fait dans la commune de Sallebœuf, le huit mars mil huit cent dix-neuf.

Signé : P.-H^he COSTE.

Enregistré à Libourne, le vingt-cinq mars mil huit cent dix-neuf, folio 107. Reçu deux francs vingt centimes.

Signé : PAGUA.

En marge est écrit pour ne varier, Jean Teynac fils.

Signé : CHEVALIER

Extrait des registres des actes de l'état civil de la commune d'Aubie et Espessas, déposés au greffe du Tribunal civil de Bordeaux (Gironde).

Du vingt-cinq avril mil huit cent dix-neuf, acte de mariage de M. *Raymond* MANIÈRES, âgé de vingt-trois ans onze mois, né à Espessas, commune d'Aubie, département de la Gironde, le vingt-sept floréal an trois, propriétaire sur ladite commune d'Aubie et Espessas, fils de sieur Etienne Manières, propriétaire, et de dame Luce-Bertholio, demeurant sur ladite commune d'Aubie et Espessas,

Et de dame *Marie-Zélia* COSTE, veuve de sieur Charles-Hilaire Eyraud, décédé dans la commune de Fargues, département de la Gironde, le dix-neuf septembre mil huit cent dix-sept, âgé de vingt-un ans six mois, née à Camarsac, susdit département, le huit brumaire an dix, fille de sieur Pierre-Hyacinthe Coste, propriétaire, ancien capitaine de navire du commerce, et de dame Jeanne Bayonne, avec lesquels elle demeure sur la commune de Sallebœuf, susdit département,

Procédant l'un et l'autre comme majeurs et du consentement de leurs père et mère (le père de l'épouse étant représenté par M. Teynac, habitant de Libourne, en vertu de la procuration du huit mars dernier).

Les actes préliminaires sont extraits du registre des publications de mariages faites à Sallebœuf, les quatre et onze du courant et à Aubie le vingt-huit du mois de mars et quatre du courant, et affichés aux termes de la loi ; les actes de naissance des époux, l'acte de décès du sieur Charles-Hilaire Eyraud et la procuration du sieur Coste, père de l'épouse. Le tout en forme : De tous lesquels actes et du chapitre six du Code civil, titre du mariage sur les droits et les devoirs des époux, il a été donné lecture par moi officier public aux termes de la loi.

Lesdits époux présents ont déclaré prendre en mariage, l'un dame *Marie-Zélia* COSTE, l'autre sieur *Raymond* MANIÈRES, en présence de MM. Pierre Manières, propriétaire, habitant de La Ruscade, susdit département, âgé de vingt-trois ans, frère de l'époux ; de Jean-Baptiste Eyraud, propriétaire, habitant de la commune de Pujard, âgé de trente ans ; Jean-Jacques Périer, propriétaire, habitants de la commune de Lapouyade, âgé de vingt-cinq ans, et Jean Eyraud aîné, propriétaire, habitant de la commune de Peujard, âgé de soixante-trois ans. Après quoi, moi Laurent Leydet, adjoint de la commune d'Aubie, faisant les fonctions d'officier public de l'état civil, ai prononcé qu'au nom de la loi lesdits époux sont unis en mariage. Les époux, leurs pères et mères, les témoins et autres parents et amis ont signé le présent acte.

Signé au registre : Rd MANIÈRES, époux; Marie-Zélia COSTE, veuve EYRAUD, épouse; EYRAUD aîné, EYRAUD jeune, PÉRIER, Pre MANIÈRES aîné, E. MANIÈRES, TEYNAC fils, fondé de pouvoirs de M. COSTE, Bayonne COSTE, Lucie BERTHOLIO MANIÈRES, veuve RAVEAU née MOURE, MORTIER fils (St-FORT), Isabelle CRESPIN MANIÈRES, Joséphine DUCANOS, LEYDET, adjoint.

Délivré à Bordeaux, le 8 février 1875.

Le Greffier du Tribunal civil de Bordeaux,
Signé (ILLISIBLE).

Contrat de mariage d'Alexis MANIÈRES.

(27 mars 1843.)

Pardevant Me Arnaud Godrie, notaire royal à la résidence de la commune de Cézac, canton de Saint-Savin, arrondissement de Blaye, département de la Gironde, soussigné, en présence des témoins ci-après nommés, ont comparu :

M. *Alexis* MANIÈRES, propriétaire, demeurant sur sa propriété de Momet, commune de La Ruscade, susdit canton de Saint-Savin, fils légitime de M. Pierre Manières, décédé, et de dame Pétronille-Elisabeth Crespin, aussi décédée.

Agissant M. Manières, comparant, en son nom personnel comme majeur, libre et maître de ses droits civils, en présence et de l'avis de M. Raymond Manières, son oncle; de MM. Adrien, Armand et demoiselle Clémentine Manières, frères et sœur, ses cousins germains ; de M. Landry, son oncle par alliance, d'une part ;

Et de demoiselle *Marie-Inès* REGNAULT, sans profession, fille née du légitime mariage de M. Pierre Regnault, propriétaire et maire de la

7

commune de La Ruscade, et de dame Marie-Fanny Reynier-Donnezac, également sans profession, avec lesquels elle demeure au lieu de Pontaupin, même commune de La Ruscade.

Agissant la demoiselle Regnault, aussi en son nom personnel comme majeure, en présence et du consentement de ses père et mère et de l'avis de MM. Pierre, Victorin, Marcellin, Laurentine, Anastasie Regnault, ses frères et sœurs; de M. Pierre Landreau, propriétaire, son oncle par alliance; de M. François Ducasse, son oncle par alliance, et de M. Firmin Durand, aussi propriétaire, son cousin, d'autre part.

Lesquels comparants ont fait et arrêté comme suit les clauses et conditions civiles du mariage projeté entre M. Alexis Manières et demoiselle Inès Regnault, et dont la célébration aura lieu très-incessamment dans la journée, sous les peines de tous dépens, dommages et intérêts :

Article premier. — Les futurs époux adoptent pour base de leur association conjugale le régime de la communauté réduite aux acquêts, telle qu'elle est établie dans les articles quatorze cent quatre-vingt-dix-huit et quatorze cent quatre-vingt-dix-neuf du Code civil, auxquels ils se réfèrent entièrement.

Art. 2. — La dame Marie-Fanny Reynier-Donnezac, mère de la demoiselle future épouse, autorisée à cet effet par M. Regnault, son mari, déclare par ces présentes faire donation entre-vifs, comme telle à jamais irrévocable et en faveur du présent mariage, à ladite demoiselle Marie-Inès Regnault, sa fille,

De deux pièces de terre qui sont situées dans ladite commune de La Ruscade, l'une en labour et vigne, appelée à Gibouin, confrontant du levant au chemin qui de La Ruscade conduit à Marsas, du midi à François Boivineau, du couchant à ce dernier et autres, et du nord à Mme veuve Deleau. Demeure compris en cette pièce un lopin de terrain en jaugues sis au couchant, et séparé seulement par la propriété de Mme Deleau, confrontant ledit lopin ce terrain du midi à Boivineau et Arnaud, et du nord à Mme Deleau,

Et l'autre en pré, appelée aussi à Gibouin, confrontant du levant au chemin qui de La Ruscade conduit à Marsas, du midi à M. Landreau, du couchant à mondit sieur Landreau et à M. Eyraud, et du nord à François Boivineau.

Il est expliqué que dans la désignation de cette pièce de pré se trouve une chenevière qui demeure exceptée de cette donation, et par conséquent réservée par la donatrice pour l'usufruit seulement.

Desquelles deux pièces de terre, la demoiselle future épouse pourra entrer en jouissance et en user, en toute propriété et usufruit, aussitôt la célébration du présent mariage, la dame Regnault, donatrice, déclarant dès lors s'en dépouiller en sa faveur sans faire aucune exception ni réserve.

Déclare ladite donatrice que les immeubles compris en cette donation donnent un revenu annuel sans distraction des charges de quarante-cinq francs.

Il est bien entendu et expliqué que la demoiselle future épouse, qui est dans l'intention d'améliorer les deux pièces de terre qui viennent de lui être données par ces présentes, ne sera tenue de rapporter à la masse de la succession de la dame sa mère, lors du partage qui en sera fait, ou plutôt de précompter sur sa portion qu'une valeur de neuf cents francs qui est la valeur intrinsèque des immeubles plus haut désignés, ce que reconnaissent toutes parties.

ART. 3. — Les sieur et demoiselle futurs époux, voulant se donner une preuve certaine de l'attachement qui les unit, déclarent, par ces présentes, se faire donation, le prémourant au survivant, de l'usufruit et jouissance de tous les biens, meubles, immeubles et effets mobiliers que ledit prémourant délaissera à son décès, pour par le survivant d'eux se prévaloir de ce don de jouissance, sans être tenu de fournir caution; de quoi le dispense expressément ledit prémourant, avec explication toutefois que si, à l'événement du décès, il existe des enfants du présent mariage, ce don d'usufruit sera réduit de moitié, conformément à la loi.

C'est ainsi que les conditions civiles de ce mariage ont été faites et arrêtées, entre toutes parties, qui, pour leur entière exécution, font toutes les soumissions et affectations de droit.

Dont acte : fait et passé au lieu de Pontaupin, commune de La Ruscade, domicile de la demoiselle future épouse, le vingt-sept mars mil huit cent quarante-trois, en présence de M. Jean Prévost, adjoint de la commune de La Ruscade, demeurant au bourg, et de M. Pierre Belloumeau, propriétaire, demeurant aussi au bourg de la commune de La Ruscade,

témoins requis, qui ont signé avec toutes parties et le notaire, après
lecture faite par ce dernier.

Ainsi signé à la minute des présentes : MANIÈRES, futur époux;
M. I. REGNAULT, Fanny DONNEZAC, REGNAULT, A^{nd} MANIÈRES, Cora HÉRICOURT,
Clémentine MANIÈRES, R^d MANIÈRES, DUCASSE, Laurentine REGNAULT;
Anastasie REGNAULT, Amazélie DURAND, DUCASSE née EYMOND, REGNAULT,
Ad^n MANIÈRES, REGNAULT, LANDREAU, DURAND fils, GODRIE, PRÉVOST, BELLOU-
MEAU, et le notaire, soussigné.

Enregistré à Saint-Savin, le sept avril mil huit cent quarante-trois, folio
16, recto case 7 et 8. Reçu cinq francs pour mariage, vingt-quatre francs
soixante-quinze centimes pour donation, cinq francs pour don éventuel et
trois francs quarante-huit centimes pour décimes.

Signé : LINACIER.

Extrait des actes de mariage de l'Eglise Saint-Exupéry de La Ruscade.

Le vingt-huit mars mil huit cent quarante-trois, vu le certificat des
formalités civiles remplies hier en la Mairie du lieu, et la publication d'un
ban ayant dûment été faite au prône de la messe paroissiale de cette
Église Saint-Exupéry de la Ruscade, les dispenses des deux autres bans, du
temps prohibé et de l'*heure* ayant été accordées par Monseigneur l'Archevêque de Bordeaux, le neuf mars de cette année; vu la dispense de l'empêchement dirimant de *consanguinité* au troisième degré existant entre
les parties susnommées, laquelle en vertu d'un indult apostolique a été
accordé par Monseigneur l'Archevêque, le neuf du mois de mars de cette
année, et aucun nouvel empêchement n'ayant été découvert, je, soussigné,
curé de ladite Église de Saint-Exupéry de La Ruscade, ai donné la bénédiction nuptiale avec les cérémonies prescrites par l'Eglise au sieur
Alexis MANIÈRES, fils unique et légitime de sieur Pierre Manières et de
dame Elisabeth Crespin, tous les deux décédés, demeurant sur cette
paroisse au village de Momet, et à demoiselle *Marie-Inès* REGNAULT, fille
majeure et légitime de M. Pierre Regnault, maire de La Ruscade, et de
dame Marie-Fanny Reynier-Donnezac, avec lesquels elle demeure au lieu
de Pontaupin, et en présence des sieurs Pierre Regnault, maire de

La Ruscade ; Prévost, adjoint du maire ; Arnaud Godrie, notaire royal ; Arnaud Godrie, son fils, et Pierre Durand, parents et amis, qui ont signé avec moi le présent acte.

Signé au registre :

Jⁿ Marie BELLOUMEAU, *curé.*

Pour copie conforme :

La Ruscade, le 22 janvier 1875.

J.-M. MICHELOT, *desservant de La Ruscade.*

Contrat de mariage de Jeanne-Marie-Clémentine MANIÈRES.

(7 octobre 1845.)

Pardevant Jean Abadie, notaire à Saint-André de Cubzac, chef-lieu de canton, arrondissement de Bordeaux, soussigné, en présence des témoins ci-après nommés, sont comparus :

M. *Jean* DAMOUR, agent d'assurances contre l'incendie, demeurant et domicilié à Libourne, rue Saint-Thomas, et précédemment à Bordeaux, veuf sans enfants de dame Antoinette-Anaïs Eyraud, et fils légitime de M. Jean Damour, marchand et propriétaire, et de dame Catherine Faure, demeurant dans la commune d'Essarts, canton d'Aubeterre, arrondissement de Barbezieux (Charente), stipulant comme majeur et du consentement de son père et de sa mère, duquel consentement il justifiera en temps et lieu, d'une part ;

Et demoiselle *Jeanne-Marie* MANIÈRES, surnommée en famille *Clémentine*, sans profession, demeurant avec son père dans la commune d'Espessas réunie à Aubie, même canton de Saint-André, fille légitime de M. Raymond Manières, propriétaire, et de feue dame Marie-Zélia Coste, stipulant aussi comme majeure, et du consentement de son père, à ce présent, d'autre part ;

Entre lesquelles parties ont été faites et arrêtées, de la manière suivante, les conditions civiles du mariage proposé entre M. Jean Damour et demoiselle Jeanne-Marie Manières, et qu'ils célèbreront, dans les formes prescrites par les lois, à la première réquisition l'un de l'autre, aux peines de droit.

ARTICLE PREMIER. — Les futurs époux déclarent se marier sous le régime dotal, auquel ils entendent soumettre les effets civils de leur union, sauf les modifications qui vont résulter des stipulations ci-après établies.

ART. 2. — Le futur époux déclare que son avoir actuel se compose de la somme de six mille francs en argent, contrats et actes publics et sous seing-privés, billets et autres valeurs, ladite somme provenant soit de ses économies et notamment de la donation à lui faite par ses père et mère, suivant acte qu'il affirme avoir été retenu par Me Lajaunie, notaire à Saint-Quentin (Charente), les trois mai et six juin mil huit cent quarante-trois.

ART. 3. — La demoiselle future épouse se constitue en dot tous les biens mobiliers et immobiliers, sans exception, qu'elle a pu et pourra recueillir, à quelque titre que ce soit, dans les successions de la dame Marie-Zélia Coste, sa mère, et de M. Hyacinthe Coste, son aïeul maternel, l'un et l'autre décédés, soit dans les hérédités non ouvertes de M. Raymond Manières, son père, et de dame Jeanne Bayonne, veuve Coste, son aïeule maternelle ; néanmoins la future épouse aura le droit, qu'elle se réserve expressément, de vendre et aliéner ses biens immeubles sans le concours de la justice, avec la seule autorisation de son mari, à la charge de remploi du prix en d'autres immeubles, d'une valeur suffisante bien garantie et libres d'hypothèques, qui seront dotaux comme lesdits immeubles et comme eux aliénables de la même manière, et sous ladite condition de remploi, et ainsi de suite sans limitation.

Il est expliqué que la faculté d'aliéner les biens dotaux comprend le droit de les échanger pour d'autres immeubles d'une valeur à peu près égale, mais ne s'entend point du droit d'y faire des emprunts et de les hypothéquer.

Malgré la dotalité dont se trouvent frappés tous les objets mobiliers qui pourront provenir des quatre successions dont il vient d'être parlé, la demoiselle future épouse aura le droit de toucher, et recevoir aussi, avec la seule autorisation de son mari, toutes les sommes, créances et valeurs mobilières qui proviendront de ces hérédités, à la charge et conditions expresses par elle de les employer en son nom en acquisition d'immeubles qui lui appartiendront en propre, et qui seront dotaux, mais seulement aliénables à la charge de remploi, de la manière ci-dessus indiquée pour les autres immeubles de la demoiselle future épouse et non autrement.

Il est bien entendu que tous les autres biens meubles et immeubles de la demoiselle future épouse seront paraphernaux, et conséquemment aliénables dans les mains de cette dernière, qui aura le droit de recevoir de son père, sans être assujettie à en faire emploi, la somme de cinq cents francs que ce dernier va lui constituer.

Art. 4. — En faveur et considération du présent mariage, M. Raymond Manières, père de la demoiselle future épouse, déclare faire don et donation entre-vifs et irrévocable, à cette dernière qui l'accepte à titre de préciput et hors part, de *la somme de cinq cents francs* qu'il s'oblige et sera tenu de payer à la demoiselle future épouse, en espèces de monnaie du cours actuel et non autrement, *dans un an de ce jour*, sans intérêt jusqu'alors seulement.

Art. 5. — Les futurs époux seront associés moitié par moitié dans tous les acquêts meubles et immeubles qu'ils feront ensemble ou séparément durant leur mariage; le sort de cette société sera réglé conformément à ce qui est prescrit par les dispositions des articles 1498 et 1499 du Code civil; l'usufruit ou jouissance de la portion desdits acquêts revenant à la succession du prémourant appartiendra au survivant desdits futurs époux, qu'il y ait ou non des enfants de leur union, ce qui est une convention de mariage et entre associés, affranchie des règles ordinaires sur les donations.

Il est bien entendu entre les parties que le survivant des futurs époux sera formellement dispensé de donner caution des meubles et objets mobiliers qui seront sujets à son usufruit par suite des dispositions établies au présent article, mais qu'il sera tenu d'en faire faire un inventaire en bonne forme.

C'est ainsi que le tout a été convenu et arrêté entre les parties.

Dont acte : fait et passé au lieu de Candedat, dite commune d'Espessas réunie à celle d'Aubie, dans la demeure de la demoiselle future épouse et de son père, le sept octobre mil huit cent quarante-cinq, en présence des sieurs Jean Boudin et Jean Laglève, propriétaires-agriculteurs, demeurant l'un et l'autre dans la susdite commune d'Espessas réunie à Aubie, témoins à ce requis qui ont signé la minute des présentes avec les futurs époux, M. Raymond Manières, père de la future, divers parents et nous notaire, lecture du tout préalablement faite.

La minute des présentes a été lue et signée à huit heures du soir.

Ainsi signé à la minute : C^{ne} MANIÈRES, future épouse; DAMOUR, R. MANIÈRES, CORITON née TALLEMON, V. TALLEMON, Mathilde TALLEMON, A. MANIÈRES, Mathilde TALLEMON, Jeanne LAGLÈVE, CORITON, LAGLÈVE, BOUDIN et ABADIE, ce dernier notaire.

Enregistré à Saint-André le quatorze octobre mil huit cent quarante-cinq, folio 31, recto case 5. Reçu cinq francs pour contrat, trois francs treize centimes pour constitution, et quatre-vingt-deux centimes de décime.

Signé : LACRAMPE.

Extrait des actes de mariage de la paroisse d'Aubie et Espessas.

Le sept octobre mil huit cent quarante-cinq, vu le certificat des formalités civiles remplies cejourd'hui sept octobre à la mairie de la commune d'Aubie et Espessas,

Vu la dispense de deux bancs accordée par Monseigneur l'Archevêque de Bordeaux, la publication du troisième ayant été faite à la messe paroissiale de cette Eglise et aucun empêchement n'ayant été découvert, je, soussigné, desservant de ladite paroisse, ai donné la bénédiction nuptiale, avec les cérémonies prescrites par l'Eglise, à *Jean* DAMOUR, agent d'assurances, veuf en premières noces de dame Antoinette-Anaïs *Eyraud*, fils de Jean Damour, propriétaire et marchand, et de dame Catherine Faure, domicilié de la paroisse des Essarts, canton d'Aubeterre (diocèse de Bordeaux), et à demoiselle *Jeanne-Clémentine* MANIÈRES, fille de M. Raymond Manières, avec lequel elle habite en cette paroisse, et de Marie-Zélia Coste, décédée, et ce, en présence de Pierre Laglève, et de Jean Boudin, amis et témoins qui ont signé avec les époux le présent acte. En foi de quoi.

Signé : DIARS.

Je, soussigné, certifie que cette copie est conforme à l'original.

Aubie et Espessas, le 4 janvier 1869.

Signé : DIARS.

Contrat de mariage de Pierre-Hyacinthe-Armand MANIÈRES.

(28 octobre 1849.)

Devant M⁰ Roger, avocat et notaire à la résidence de Castres (Tarn), soussigné, sont comparus : le sieur *Pierre-Hyacinthe-Armand* MANIÈRES, ex-militaire, en ce moment sans profession, domicilié à Saint-André de Cubzac (Gironde), fils majeur et légitime du sieur Raymond Manières, propriétaire, domicilié audit Saint-André de Cubzac et de défunte dame Zélia Coste,

Stipulant pour lui et en son nom hors la présence de son dit père, dont il a dit avoir le consentement, d'une part ;

Et demoiselle *Rose-Caroline* BENOÎT, sans profession, domiciliée à Castres, fille majeure et légitime du sieur Joseph Benoît, fabricant de filoselles, et de dame Marguerite Puech, domiciliés audit Castres,

Stipulant pour elle et en son nom avec le consentement et l'assistance de ses dits père et mère, d'autre part ;

Lesquels ont réglé comme ci-après les conventions civiles du mariage projeté entre ledit sieur Pierre-Hyacinthe-Armand Manières et ladite demoiselle Rose-Caroline Benoît, et dont la célébration doit avoir lieu aujourd'hui même à la mairie de cette ville :

ARTICLE PREMIER. — Les futurs époux déclarent contracter suivant le régime dotal auquel ils se soumettent.

ART. 2. — Le sieur Benoît, père de la future épouse, donne entre-vifs et constitue en dot à celle-ci, qui l'accepte, les meubles dont le détail suit :

Un lit complet estimé cent cinquante francs, ci..................F. 150
Une armoire à deux ouvrants, estimée soixante francs, ci........ 60
Une chaise longue, estimée vingt-cinq francs, ci................ 25
Une commode, estimée vingt-cinq francs, ci..................... 25
Une glace à cadre doré, estimée trente francs, ci.............. 30
Six chaises et un fauteuil, estimés dix francs, ci............. 10

TOTAL de l'estimation, trois cents francs, ci............F. 300

Desquels meubles, dont l'évaluation n'opère pas vente, la remise sera censée faite au futur époux par le seul fait de la célébration du mariage devant l'officier de l'état civil, sans que soit besoin d'autre décharge.

Art. 3. — Les futurs époux se font la donation entre-vifs, mutuelle et irrévocable, du prémourant au survivant, de l'usufruit et jouissance, avec dispense de fournir caution de tous les biens meubles et immeubles qu'ils délaisseront à leur décès, sauf réduction à l'usufruit de moitié dans le cas de survivance d'enfants de leur union, et sous la réserve, audit cas, de pouvoir disposer de la nue-propriété de la quotité disponible.

Dont acte, passé à Castres, en l'étude, le vingt-cinq octobre mil huit cent quarante-neuf, à dix heures du matin, en présence de M. Casimir Maurel, praticien, et Pierre Taudou aîné, marchand linger tailleur d'habits, les deux domiciliés à Castres, témoins instrumentaires, soussignés, avec les futurs époux et le père de la future épouse, non la mère de celle-ci qui, requise de signer par le notaire, a déclaré ne savoir après lecture faite : Caroline Benoît, A. Manières, Joseph Benoît, Maurel, Taudou aîné, Roger, notaire, ainsi signés à la minute où est écrit :

Enregistré à Castres, le vingt-neuf octobre mil huit cent quarante-neuf, folio 167, verso case 6-7. Reçu : mariage cinq francs, donation mobilière un franc quatre-vingt-huit centimes, donation éventuelle cinq francs, décime un franc dix-neuf centimes.

Signé : RICARD.

L'an de Notre-Seigneur mil huit cent quarante-neuf, le vingt-neuf du mois d'octobre, après la publication des bans de mariage entre Pierre-Hyacinthe-Armand Manières, domicilié à Castres, paroisse de Saint-Jacques, diocèse d'Albi, fils de Raymond Manières et de Marie-Zélia Coste, d'une part, et Rose-Caroline Benoît, domiciliée à Castres, paroisse de Saint-Jacques, diocèse d'Albi, fille de Joseph Benoît et de Marguerite Puech mariés, d'autre part, faite au prône de notre messe paroissiale, et en l'Eglise de Saint-Jacques de Villegoudoux, sans qu'il se soit trouvé aucun empêchement ou opposition;

Vu le certificat de l'engagement civil;

Vu le registre de la paroisse,

Je, soussigné, curé de Saint-Jacques-Abeilher, ai reçu des susdites parties le mutuel consentement, *per verba de presenti*, et leur ai donné la bénédiction nuptiale avec toutes les cérémonies prescrites par la sainte Eglise, en présence de Antoine Benoît, Caroline Benoît, Manières, Auriol, Emile Vida, Dons, Raphané, Hermance Ausence, Flavie Benoît, Augent père.

Certifié conforme à la minute et délivré par moi, prêtre soussigné.

PAILHOU, *curé, chanoine honoraire.*

Contrat de mariage de Joseph-Antoine-Adrien MANIÈRES.

Pardevant Jean Abadie, notaire à Saint-André de Cubzac, chef-lieu de canton, arrondissement de Bordeaux, soussigné, en présence des témoins ci-après nommés, ont comparu :

M. *Joseph-Antoine* MANIÈRES, surnommé en famille Adrien, propriétaire, natif de la commune de Gauriaguet, même canton de Saint-André demeurant dans le bourg de celle de Saint-André de Cubzac, fils légitime de M. Raymond Manières et de dame Marie-Zélia Coste, tous deux décédés, stipulant comme majeur et maître de ses droits, d'une part ;

Et demoiselle *Jeanne* BONNAVEAU, sans profession, demeurant avec son père et sa mère au chef-lieu de ladite commune de Saint-André, où elle est née, fille légitime du sieur Jean Bonnaveau, menuisier-ébéniste, et de dame Jeanne Boulhiol, stipulant aussi comme majeure et du consentement de son père et de sa mère à ce présents, d'autre part ;

Entre lesquelles parties ont été faites et arrêtées de la manière suivante les conditions civiles du mariage proposé entre M. Adrien Manières et demoiselle Jeanne Bonnaveau, et qu'ils célèbreront dans les formes prescrites par les lois, à la première réquisition l'un de l'autre aux peines de droit.

ARTICLE PREMIER. — Les futurs époux déclarent renoncer expressément au régime dotal et restreindre celui de la communauté légale à la société d'acquêts ci-après stipulée entre eux.

ART. 2. — Les futurs époux déclarent n'avoir quant à présent aucun apport mobilier à faire établir dans ce contrat (1).

---

(1) Adrien Manières possédait cependant des meubles, des immeubles et des valeurs provenant de la succession de son père. Ignorait-il que, par suite de l'article 2, tout son avoir tombait dans les acquêts? Il faisait ainsi à sa dame une donation déguisée de la moitié de son avoir.

Art. 3. — Les futurs époux seront associés dans tous les acquêts meubles et immeubles qu'ils feront ensemble ou séparément pendant leur mariage ; le fond de cette société sera réglé conformément à ce qui est prescrit par les dispositions des articles 1498 et 1499 du Code civil ; la totalité desquels acquêts appartiendra en pleine propriété et usufruit au survivant des futurs époux qu'il y ait ou non des enfants de leur union, ce qui est une convention de mariage et entre associés, affranchie des règles ordinaires sur les donations.

Art. 4. — Pour se donner des preuves de leur mutuelle affection, les futurs époux se font réciproquement don et donation, le prémourant en faveur du survivant, de l'usufruit ou jouissance de tous les biens propres meubles et immeubles sans exception qui composeront la succession du prédécédé, sans bail de caution, mais à la charge par le survivant de faire faire inventaire des meubles et objets qui seront sujets à son usufruit ; laquelle donation subira une réduction de moitié en cas d'existence d'enfant de ce mariage au décès du prémourant.

C'est ainsi que le tout a été convenu et arrêté.

Aux termes de la loi du dix juillet dernier, ledit Me Abadie, notaire, a lu aux parties le dernier alinéa de chacun des articles 1391 et 1394 du Code civil, dont acte lu aux parties.

Fait et passé au bourg de Saint-André de Cubzac, dans la demeure de la future et de ses père et mère, le treize avril mil huit cent cinquante-un.

En présence des sieurs Jean Méliande, professeur, et Jean Laffite, boucher, demeurant l'un et l'autre au bourg de Saint-André, témoins à ce requis qui ont signé cette minute avec les futurs époux, le père de la future, divers parents et nous notaire, la mère de la future épouse a déclaré ne savoir signer, de ce interpellée par ledit notaire.

Signé à la minute : Jeanne BONNAVEAU, Adrien MANIÈRES, Jean BONNAVEAU, Mélanie BONNAVEAU, Thérèse BONNAVEAU, Jean MÉLIANDE, LAFFITE et ABADIE, ce dernier notaire.

Enregistré à Saint-André, le quinze avril dix-huit cent cinquante-un, fol. 174, v. c. 7-8. Reçu cinq francs pour contrat, cinq francs pour donation éventuelle et un franc de décime.

Signé : MAHUZIER.

Suit l'avenant.

Et le lundi trente juin mil huit cent cinquante-un, pardevant Jean Abadie, notaire à Saint-André de Cubzac, arrondissement de Bordeaux, soussigné, en présence de témoins ci-après nommés,

Ont comparu :

1° M. Jean Manières, surnommé en famille Adrien, propriétaire à Saint-André de Cubzac, désigné par erreur sous les prénoms de Joseph-Antoine dans le contrat de mariage passé devant le notaire soussigné le treize avril dernier dont la minute précède, ainsi d'ailleurs que cela va être expliqué ci-après;

Et 2° demoiselle Jeanne Bonnaveau, assistée de sieur Jean Bonnaveau, son père, et de Jeanne Boulhiol, sa mère, tous trois plus haut dénommés, qualifiés et domiciliés dans ledit contrat de mariage.

Lesquels devant se marier incessamment ont reconnu et ont déclaré que c'est en effet par erreur et à tort que dans le susdit contrat de mariage ledit sieur Adrien Manières a été prénommé Joseph-Antoine, au lieu de Jean qui est son seul et véritable prénom, ainsi que le constate son acte de naissance inscrit au registre de la commune de Gauriaguet, canton de Saint-André de Cubzac, le trente-un janvier mil huit cent trente.

Et à l'appui de la déclaration ci-dessus les comparants ont représenté l'extrait de l'acte de naissance dudit sieur Manières, l'un d'eux, délivré par M. le Maire de ladite commune de Gauriaguet, le seize juin du présent mois.

Par suite du changement qui vient d'être opéré au contrat de mariage dont il s'agit, en conséquence de l'erreur reconnue par les parties, ledit Mᵉ Abadie, notaire, a délivré au sieur Jean Manières un nouveau certificat prescrit par la loi du dix juillet mil huit cent cinquante, dont acte requis et octroyé.

Fait et passé au bourg de Saint-André, en l'étude, le trente juin mil huit cent cinquante-un,

En présence des sieurs Jean-enoît Malartix, teinturier, et Jean Vigé, charpentier de haute-futaie, demeurant tous deux à Saint-André, témoins à ce requis qui ont signé cette minute avec M. Manières, Mˡˡᵉ Bonnaveau, son père, et nous notaire, lecture faite; quant à la dite Jeanne Boulhiol, elle a déclaré ne savoir signer, de ce interpellée par ledit notaire.

Signé à la minute : Jeanne Bonnaveau, Adrien Manières, Jean Bonnaveau, Jean Vigé, B. Malartix, Abadie, ce dernier notaire.

Enregistré à Saint-André, le trois juillet mil huit cent cinquante-un, fol. r. c. 9. Reçu deux francs vingt cinq centimes, décime compris.

Signé : Mahuzier.

  Expédié littéralement et collationné par Me Paul-Jean Cousteau, notaire à Saint-André de Cubzac, soussigné sur la minute dudit contrat de mariage et de son avenant, le tout en son pouvoir, en sa qualité de successeur médiat dudit Me Abadie, notaire.   Signé : Cousteau.

Extrait des registres des actes de mariage de l'Eglise de Saint-André de Cubzac.

Le dix-sept juillet mil huit cent cinquante et un, vu le certificat des formalités civiles remplies le premier de ce mois en la mairie de Saint-André de Cubzac ; vu la dispense de deux bancs, accordée par Monseigneur l'Archevêque de Bordeaux, la publication du troisième ban ayant été faite à la messe paroissiale de cette Église, et aucun empêchement n'ayant été découvert, je, soussigné, dit vicaire, ai donné la *bénédiction nuptiale* avec les cérémonies prescrites par l'Église à *Joseph-Antoine-Adrien* Manières, domicilié de cette paroisse, fils légitime de Raymond Manières et de Marie-Zélia Coste, tous les deux décédés, et à *Jeanne-Zélie* Bonnaveau, fille légitime de Jean Bonnaveau et de Jeanne Boulhiol, avec lesquels elle demeure sur cette paroisse, et ce, en présence de Pierre-Hyacinthe-Armand Manières et de Jean Bonnaveau, parents et témoins, qui ont signé avec les époux le présent acte. En foi de quoi.

Sorbier, *vicaire*.

Je, soussigné, certifie que cette copie est conforme à l'original.

Signé : Peychaud, *archiprêtre de Saint-André de Cubzac.*

Saint-André de Cubzac, le 4 avril 1864.

Testament de Mme Catherine de LALANDE, veuve de Messire Pierre de Manières, conseiller à la Cour des Aydes.

(4 janvier 1775.)

Au nom du Père, du Fils et du Saint Esprit, ainsi soit-il.

Après avoir imploré la miséricorde de la très-sainte Trinité, et invoqué l'intercession de la sainte vierge Marie, des anges et des saints, je dispose des biens qu'il a plu à la divine Providence de me confier de la manière suivante : Je donne aux pauvres de la paroisse ou je decederai le tiers de l'argeant qui me sera du par mes marchands de vin, l'autre tiers aux pauvres de la paroisse de Saint-Remi de Bordeaux, et le troisième tiers sera emploié à payer l'honoraire des messes qui seront dites pour le repos de mon âme. Je veux que mon argenterie et ma montre d'or soient vendues pour faire dire des messes dans la même intention, voulant que dans le cas où il ny aurait pas au temps de mon decés d'argent ches mes marchands de vin, le produit de la vente de cette argenterie et de cette montre soit partagé par tiers entre les mêmes pauvres et les prêtres qui diront des messes pour moi, ne voulant que quatre prêtres a mes feunerailles et prohibe toute invitasion de compaignie.

Je déclare que de mon mariage avec Monsieur Pierre de Manières, conseiller du roi en la Cour des Aydes et Finances de Guienne, sont issus Jean Anaclet, Guillaume et Catherine de Manières, que Jean Anaclet est marié et qu'il a un fils appelé Etienne Manières, que Guillaume a de son mariage trois enfants de qui les noms sont : Jean-Guillaume, Jeanne et Françoise Manières.

Je legue a ma fille Catherine Manières sa légitime telle que de droit, en laquelle je l'institue pour mon heritiere particuliere.

Je legue a ma petite fille Françoise ceinq mille cent livres a prendre sur la succession de ma belle sœur Madame Julie Lemarchand chevalier de Savignac, second mari de ladite dame, pour jouir desdites ceinq mille cent livres d'abord après le décès de monsieur le chevalier de Savignac, second mari de ladite dame Julie Lemarchand, a qui elle en avait laissé la jouissance : et le cas arrivant que ledit sieur chevalier de Savignac me predecedat et que jeusse recueilli la succession de madite belle sœur Lemarchand, leguée en jouissance audit chevalier de Savignac, je legue a madite petite fille Françoise pareille somme de ceinq mille cent livres a prendre sur tous mes biens.

Et au restant de tous mes biens, qui, sauf de ces ceinq mille cent livres, sont regis par la coutume de Bordeaux, j'institue pour mes héritiers generaux et universels mes fils Jean Anaclet et Guillaume Manières, a qui je donne encore tout l'agencement que j'ai gagné par le predecés de mon cher époux, a la charge par mesdits fils de remettre chacun à leurs enfants males nes ou a naître tout ce qu'ils amanderont dans ma succession, sans pouvoir faire, sous quelque titre ou prétexte que ce puisse etre et a quelque titre et dans quelque cas que cela soit, aucune espece de detractions; ce que je leur prohibe par exprés voulant absolument que mon entiere heredité ou succession, sauf des legs que je viens de faire, parvienne à mes petits-fils males, voulant encore que dans le cas que mesdits petits-fils vinsent a mourir, que mes petites-filles leur soient substituées, comme aussi et dans le cas que l'un de mes fils vint à mourir sans enfants, je lui substitue son frere, qui remettra a son enfant male ou a ses enfants malles tout ce qu'il aura recueilli en vertu de la presente substitution.

Je veux meme que dans le cas quil fut derogé de quelque manière que ce puisse etre aux substitutions que je viens detablir, venant du fait de mes fils, ma fille Catherine soit mon heritiere generale et universelle, reduisant dans ce cas mesdits fils a la legitime telle que de droit en laquelle je les institue pour mes heritiers particuliers, voulant encore dans ce cas, que ma ditte fille remette sans aucune detraction tout ce quelle amandera dans ma succession a quelque titre que cela puisse être, a mesdits petits-fils et a leur defaut a mes petites-filles, et que l'ordre que j'ay cy-dessus établi soit exactement observé.

Et dans le cas que mes fils Jean Anaclet et Guillaume Manières vinsent a deceder avant moi, j'institue pour mes héritiers généraux et universels mes petits-fils Etienne et Jean Guillaume pour recueillir chacun tous les avantages que j'ay fait à leurs pères, sans pourtant que dans aucun cas ma petite fille Françoise puisse etre privée du legs de ceinq mille cent livres que je viens de luy faire et de plus de sa legitime telle que de droit, en laquelle je l'institue pour mon héritière particuliere. J'institue pareillement en sa legitime telle que de droit ma petite fille Jeanne, dans le cas du predecés de mon fils Guillaume, son pere, voulant que dans le cas que mes petits-fils decedassent avant moi, mes petites-filles prennent leur place et soient mes heritieres generales et universelles.

Je casse et revoque tous autres testaments, codicilles et donations à cause de mort que je puisse avoir faits, voulant que mon presant testament soit executé selon sa forme et teneur, et que s'il ne peut valoir comme testament, il vaille comme codicille ou donation a cause de mort et en la meilleure forme et maniere qu'il pourra valoir. Je declare l'avoir fait ecrire par une main a moy affidée et qu'apres l'avoir lu et relu, je l'ay trouvé conforme a ma volonté. En foy de quoi je vay le signer a chaque page. A Bordeaux, le quatre janvier mille sept cent soixante-quinze.

(1) *Signé :* LALANDE MANIERES, testatrise.

Controlé à Bordeaux et insinué le 9 décembre 1777, f. 43 v., art. 3. Reçu deux cent quatre-vingt-dix-neuf livres douze sols; sols; savoir en p^{al} et 8es p. 70 de conté 9 16es d'insinuation pour chacun des legs faits aux pauvres de Sainte-Eulalie et Saint-Remi, et 210 pour trois droits de substitution, droits ainsi réglés par modération et sans tirer à conséquence, suivant l'ordre de M. Dublan, directeur des Domaines de ce jour. 299 12

	8 »
	307 12
Acte et clôture	1 4
	308 16

Signé : ANGEBERT p. M. BAUDOIN.

Expédié littéralement par Me Cassaigne, notaire à Bordeaux, soussigné, sur l'original du testament mystique de mad. Catherine Lalande, veuve de M. Pierre Manières, led. testament déposé par la testatrice à Me Laville, notaire à Bordeaux, suivant acte reçu par lui en présence de six témoins, le quatorze mars mil sept cent soixante-quinze, ouvert judiciairement le dix-huit novembre mil huit cent soixante dix-sept, et déposé à cette date, avec le procès-verbal d'ouverture, au rang des minutes de Me Laville.

Lequel testament est au pouvoir de Me Cassaigne, comme successeur médiat de Me Laville.

CASSAIGNE.

---

(1) C'est dans l'acte du dépôt de son testament entre les mains de Me Laville, le 14 mars 1775, que Catherine Lalande déclare habiter sa maison de la rue *Porte-du-Caillou*, près du *Palais de l'Ombrière*.

L'an dix-sept cent soixante dix-sept, le seize novembre, est décédée sur les Fossés des Tanneurs, madame Catherine de Lalande, veuve de monsieur Pierre de Manières, conseiller à la Cour des Aides, âgée de soixante-quatorze ans, et a été inhumée dans l'église, présens les bénéficiers. Mathieu, vicaire, signé au registre.

Pour extrait conforme, délivré en l'Hôtel-de-Ville de Bordeaux, le 18 novembre 1874.

Testament de Jean-Anaclet de MANIÈRES
(2 mai 1781.)

Aujourd'hui second mai mil sept cent quatre-vingt-un, après midi, pardevant le conseiller du Roy, notaire à Bordeaux, soussigné, présent les témoins bas-nommés, a comparu sieur *Jean-Anaclet de* MANIÈRES, avocat en parlement, demeurant hors les murs de cette ville, rue Saint-Jean, paroisse Sainte-Eulalie ; considérant en lui qu'il n'y a chose en ce monde plus certaine que la mort, et rien de plus incertain que son heure, a de son bon gré fait son testament qu'il a dicté à nous dit notaire, en présence desdits témoins, en la forme qui suit : Premièrement, il recommande son âme à Dieu, le priant de lui faire miséricorde, et la recevoir au rang des bienheureux ; veut ledit sieur testateur qu'après son décès son corps soit inhumé et enseveli dans l'Eglise de la paroisse où il décédera, et pour ses honneurs funèbres et messes pour le repos de son âme, il s'en remet à la volonté et discrétion de sa très-chère épouse ci-après nommée ; donne et lègue ledit sieur testateur aux pauvres de la paroisse Saint-Rémy de cette ville la somme de trois cents livres et pareille somme aux pauvres de la paroisse où il décédera ; et ce pour les bouillons desdits pauvres, une fois payée trois mois après le décès de sa dite épouse ; déclare ledit sieur testateur être joint en mariage avec dame Jeanne-Rose Constant, avec laquelle il n'a qu'un enfant nommé Etienne Manières, duquel ils n'ont pas la satisfaction qu'ils auraient dû attendre ; donne et lègue ledit sieur testateur à ladite dame Constant, son épouse, tous ses meubles, choses censées meubles, or, argent et acquêts, et la jouissance pendant sa vie de tous ses biens immeubles, sans qu'elle soit tenue d'en rendre aucun compte à personne quelconque, et dans laquelle jouissance ni pour autre chose ledit sieur testateur veut et entend que son dit fils ne puisse en rien rechercher ni inquiéter sa dite mère, et au résidu de ses biens et droits qui se trouveront lui appartenir au temps du décès de sa dite épouse, icelluy dit sieur testateur fait, nomme, crée et institue pour son héritier général et universel ledit sieur Etienne Manières son fils pour par lui ne prétendre l'effet de son hérédité qu'après le décès de ladite dame sa mère et non plutôt; et si par cas ledit sieur Etienne Manières venait à décéder sans enfants de légitime mariage, ledit sieur testateur lui substitue audit cas pour les biens immeubles seulement Jean Guillaume Manières, son cousin-germain, neveu audit sieur testateur, et fils de feu sieur Guillaume Manières, son frère, casse, révoque et annule ledit sieur testateur tous autres testaments codiciles et donations qu'il pourrait avoir ci-devant fait, veut et entend que celui-ci soit son vrai testament, et s'il ne peut valoir comme tel, qu'il vaille comme codicile, donation à cause de mort et tout autrement en la meilleure forme que valoir pourra, et que le droit, coutume et ordonnance le veulent et permettent, lequel tes-. tament, nous notaire, avons lu et relu audit sieur testateur en présence desdits témoins clairement et distinctement, qu'il a dit l'avoir entendu et déclaré être ainsi sa volonté et y persister, de quoi il nous a requis acte octroyé.

Fait et passé à Bordeaux dans l'étude de nous notaires, en présence desdits témoins, qui sont : sieur François Maynard, bourgeois de Bordeaux, demeurant hors des murs, paroisse Sainte-Eulalie; sieur Jacques Dutrouilh, marchand; sieur Jean et autre Jean Duffaut père et fils, négociants; sieur Guillaume Prévot, maître coutelier, et sieur Pierre Moulinié, maître cordonnier, demeurant en cette ville, rue de la Fusterie, paroisse Saint-Michel, témoins susdits.

Signé : MANIÈRES, testateur; DUFFAUT, DUTROUILH, DUFFAUT fils, MOULINIÉ, PRÉVOT, F. MAYNARD et LAVILLE, ce dernier notaire.

Enregistré à Bordeaux (1er bureau), le vingt et un janvier 1875, vol. 376, folio 15, recto, case 4. Reçu sept francs cinquante centimes, décimes un franc quatre-vingt-huit centimes.

Signé : CAMUZET.

Expédié littéralement par Mᵉ Cassaigne, notaire à Bordeaux, sur la minute dudit testament étant en son pouvoir comme successeur médiat de Mᵉ Laville.

Extrait du registre des décès de la commune d'Aubie et Espessas, canton de Saint-André de Cubzac.

Hier 2 vendémiaire an IV (24 septembre 1796), à dix heures du soir, est décédé Jean-Anaclet Manières, époux de Jeanne-Rose Constant, fils de Pierre de Manières et de Catherine de Lalande, âgé de 69 ans.

Signé : RULLIER, *officier municipal.*

LONGÉVITÉ

Ages divers auxquels sont parvenus les membres ci-dessus dénommés de la famille MANIÈRES.

	Ans.
Pierre Manières, conseiller à la Cour des Aides	»
Catherine de Lalande	74
Jean-Anaclet Manières, avocat	67
Rose Constant, son épouse	64
Étienne Manières, propriétaire	79
Luce Bertholio, son épouse	72
Pierre Manières, mon père (phthisique)	34
Pétronille-Élisabeth Crespin (id.)	28
Raymond Manières, mon oncle (mort accidentelle)	55
Marie-Zélia Coste (choléra)	34
Clémentine Manières (phthisique)	53
Adrien Manières (id.)	32

EXTRAIT DE L'HISTOIRE DE BORDEAUX
Par M. BORDES

Exploit courageux du Seigneur de LA LANDE
en l'année 1100

Vers la fin du xie siècle, Bordeaux, assiégé par le comte d'Armagnac combattant alors pour le roi d'Espagne, se voyait, après un long siége, réduit aux horreurs de la famine. Les assiégeants, que ce fléau fatiguait aussi, proposèrent de décider la querelle par le sort d'un combat singulier.

L'un d'eux, doué d'une taille gigantesque, s'offrit à ce combat; du côté des Bordelais, le seigneur de La Lande accepta le défi et vainquit l'adversaire. Le cri des Gascons, *l'a birat* (il l'a *viré, renversé*), fut plus tard donné à la rue tracée sur le chemin qui conduisait au lieu de cet événement.

Près de là fut fondé l'*Eglise des Carmes,* et sur l'un de ses piliers l'on voyait un tronçon de lame, un collier de fer, ainsi qu'une inscription rappelant et l'aventure et l'ex-voto. Cette inscription était ainsi conçue :

L'AN DE GRACE MIL ET CENT
FONDA PREMIER UN SEIGNEUR DE LA LANDE
AU CARME VIEIL CETTE ÉGLISE ET COUVENT :
POUR CE QU'AU LIEU OBTINT VICTOIRE GRANDE
CONTRE UN GÉANT QUI CONDUISAIT LA BANDE
DES ESPAGNOLS POUR BORDEAUX ASSAILLIR.
LE DESSUS DICT LUY FIT PAYER L'AMENDE,
CAR IL LUY FIT LA TESTE A BAS SAILLIR.

Et la rue sur laquelle l'église et le couvent avaient leur sortie reçut le nom de rue de La Lalande qu'elle porte encore actuellement.

L'hôtel de La Lande était situé rue Bouffard. Cet hôtel est devenu le quartier-général de la division militaire, dont Bordeaux est le chef-lieu.

Extrait des registres des arrêtés du préfet du département de la Gironde.

(Du 4 mars 1850 [1].)

Nous préfet du département de la Gironde,

Vu l'article   de la loi du 23 juin 1833 sur l'instruction primaire ;

Vu l'ordonnance royale du 16 juillet 1837 ;

Vu la loi du 11-15 janvier 1850 sur les instituteurs communaux ;

Vu les renseignements particuliers (2) recueillis sur la conduite du sieur Manières (Alexis), instituteur communal de la commune de La Ruscade,

Arrêtons :

ARTICLE PREMIER. — Le sieur Manières (Alexis), instituteur communal à La Ruscade, est révoqué de ses fonctions.

ART. 2. — M. le Sous-Préfet de l'arrondissement de Blaye est chargé de l'exécution du présent arrêté.

Fait à Bordeaux en l'hôtel de la Préfecture.

Le *Préfet de la Gironde,*

Signé : NEVEUX.

Pour expédition conforme :

Le Conseiller de préfecture secrétaire général,

Signé : DOSQUET.

Pour copie conforme :

. *Le Sous-Préfet,*

Signé : DE POURVILLE.

---

(1) Le même jour, *4 mars 1850,* plus de quarante instituteurs publics de la Gironde étaient frappés comme moi par un arrêté semblable, *arrêté signé* NEVEUX *et contre-signé* DOSQUET.

(2) Voir l'annexe ci-après.

Les motifs de ma révocation (1).

Qu'avait-on à me reprocher ?

En toute vérité, le voici :

C'était : 1° de professer publiquement des opinions républicaines très-accentuées ; 2° d'exercer à La Ruscade, comme *enfant du pays,* une influence défavorable aux monarchistes, d'être un politicien ardent, clair-voyant, courageux, prompt à la réplique, sachant argumenter, convaincre, se défendre, et retournant subito et toujours victorieusement contre l'ad-versaire *malhonnête* l'arme perfide dont il avait osé faire usage. On se trouvait alors au lendemain de l'élection du 10 décembre. Le terrible général *Chan-garnier* (nouveau Fabert) étant protecteur de la *Droite,* les honnêtes royalis-tes (tous modérés *furieux*) poussaient alors au pétitionnement à outrance pour la *dissolution* de l'Assemblée nationale, si bien que le représentant Pierre Bonaparte, alors très-populaire, et qui avait l'air de faire de l'oppo-sition aux amis du *Prince-Président,* son cousin, s'en émut très-fort et vint à la tribune de l'Assemblée protester contre les agissements de la droite et demander que l'Assemblée républicaine de 1848, au lieu de se dis-soudre, continuât son œuvre, et ne se séparât point avant d'avoir voté les *lois organiques.* Rédiger une pétition pour féliciter Pierre Bonaparte de son attitude et de sa protestation courageuse, la faire signer à un grand nombre de citoyens, fut l'affaire de quelques heures. Furieux de voir leur pétitionnement enrayé et combattu par un pétition-nement contraire, les royalistes locaux résolurent de s'en venger ; la loi du 11-15 janvier 1850 qui venait de placer les instituteurs sous la surveillance et l'autorité des préfets leur parut être la meilleure occasion offerte, et ils la saisirent avec empressement. La publicité donnée à ce document dans la *Tribune* de Bordeaux (journal républicain) leur parut surtout un motif du meilleur aloi pour demander ma révocation, et ils l'obtinrent immédiatement sans la moindre difficulté.   A. M.

---

(1) Les mêmes hommes qui signaient pour moi une demande de *réintégration* se trouvaient avoir signé précédemment (contre moi) une demande de *révocation.* Aussi M. le Préfet *Neveux* ne put-il s'empêcher d'en manifester son *étonnement* dans l'au-dience que j'obtins de lui le 20 juin 1850.

Extrait des registres des arrêtés du préfet du département de la Gironde.

(Du 20 juin 1850.)

Nous, préfet de la Gironde,

Vu notre arrêté, en date du 4 mars dernier, portant révocation du sieur Manières, instituteur primaire communal à La Ruscade ;

Considérant que les nouveaux renseignements fournis sur la conduite du sieur Manières attestent son retour à de meilleurs sentiments,

Arrêtons :

ARTICLE PREMIER. — La révocation prononcée contre le sieur Manières par notre arrêté du 4 mars dernier est changée en une suspension de six mois avec privation du traitement et du logement communal à compter du jour où il a cessé ses fonctions, en exécution de l'arrêté précité.

ART. 2. — M. le Sous-Préfet de Blaye est chargé d'assurer l'exécution du présent arrêté.

Fait à Bordeaux en l'hôtel de la Préfecture.

Le Préfet de la Gironde,

Signé : NEVEUX.

Pour expédition conforme :

Le Conseiller de préfecture secrétaire général,

Signé : DOSQUET.

Pour copie conforme :

Le Sous-Préfet de Blaye,

Signé : DE POURVILLE.

CONSEIL GÉNÉRAL DE LA GIRONDE

Extrait du procès-verbal officiel et des journaux de Bordeaux.

Séance du 8 septembre 1851.

Rapport de M. MERLET, de Blaye.

J'ai l'honneur de soumettre au Conseil général une proposition tendant à accorder une subvention de 300 fr., à titre d'encouragement, au sieur Manières, instituteur public à La Ruscade, auteur de divers manuels élémentaires destinés à l'enseignement des écoles primaires.

Les diverses publications du sieur Manières vous ont été adressées par l'auteur; elles sont au nombre de cinq et intitulées :

1° *Méthode complète de lecture ;*

2° *Grammaire des écoles primaires élémentaires ;*

3° *Dictionnaire des écoles primaires élémentaires ;*

4° *Arithmétique des écoles primaires élémentaires ;*

5° *Exposé élémentaire des poids et mesures.*

En s'imposant la tâche difficile, quoique bien modeste, de faire des livres pour les enfants, M. Manières n'a eu qu'une pensée : celle de rendre l'enseignement plus accessible qu'il ne l'est aujourd'hui aux enfants qui fréquentent les écoles rurales. Éclairé par une expérience de dix années, acquise dans une commune considérable située aux limites de l'arrondissement de Blaye, cet Instituteur a reconnu que les livres réputés jusqu'à ce moment les plus élémentaires, les plus appropriés au jeune âge sont loin d'être assez précis et assez simples pour les enfants de campagne, qui ne trouvent pas dans leurs familles cette sorte de préparation qui est la conséquence de l'éducation de leurs parents.

Cette appréciation, confirmée par des épreuves réitérées, a déterminé M. Manières à abréger les petits manuels employés dans les écoles, à remanier les méthodes et à substituer aux formules actuellement en usage des formes plus claires et plus vulgairement intelligibles.

10

Votre Commission, Messieurs, a lu et examiné les diverses publications que j'ai énumérées plus haut, et elle a reconnu qu'en effet elles devaient être très-utile aux écoles primaires élémentaires, et rempliraient, à l'avenir, le but que s'est proposé l'auteur.

Le Conseil général sera disposé, nous l'espérons, à encourager un instituteur, père de famille, sans fortune, qui a employé ses loisirs et son intelligence à un travail long et pénible. La subvention que nous réclamons pour lui le dédommagera d'une partie des sacrifices onéreux qui, à raison de leur caractère humble et modeste, n'ont pas l'avantage d'émouvoir l'attention publique, mais qui mérite du moins la bienveillance et l'appui de tous ceux qui s'intéressent aux améliorations et aux progrès de l'enseignement primaire.

Par ces considérations, Messieurs, votre Commission d'administration a l'honneur de vous proposer de voter à titre d'encouragement une somme de 300 fr. en faveur de M. Manières.

Elle vous propose, en outre, en donnant votre approbation aux divers ouvrages composés par l'auteur, de recommander M. Manières à la bienveillance de M. le Ministre de l'Instruction puplique.

M. DE LA GRANGE : « Je viens d'appuyer l'allocation proposé pour » M. Manières, instituteur communal à La Ruscade.

» Je commence par déclarer que je ne le connais que par les ouvrages » qui m'ont été remis il y a peu de jours.

» On est heureux de voir un instituteur pousser l'amour de sa profes- » sion au point de chercher à la rendre plus facile et de simplifier les » méthodes d'enseignement.

» M. Manières a traité avec une grande clarté des questions générale- » ment obscures et abstraites ; il a eu le rare talent de les mettre à la » portée des intelligences les moins développées ; une classification ration- » nelle et d'une excessive simplicité grave les mots et les règles dans la » mémoire des enfants. Il y a un profit réel pour tout le monde à étudier » ces petits livres qui font un véritable honneur à leur auteur. Je sollicite » pour lui une récompense trop justement et trop rarement méritée pour » que vous ayez à craindre de renouveler souvent un pareil précédent. »

MM. Coureau, Dupérier et *Legrix de la Salle* parlent également en faveur des manuels de M. Manières et appuient la proposition.

Les conclusions de la Commission d'administration, appuyées par plusieurs membres qui font ressortir le mérite et l'utilité des travaux de M. Manières, sont adoptées par le Conseil.

ÉLECTIONS MUNICIPALES COMPLÉMENTAIRES DE LA RUSCADE

(25 août 1860.)

Mes chers Concitoyens,

Homme libre et indépendant, protégé par la mémoire et par les services de M. Regnault, votre ancien Maire, je viens me présenter avec confiance à vos suffrages pour une place de Conseiller municipal.

Si vous m'honorez de votre choix, je ferai en sorte que votre argent s'emploie toujours utilement ; qu'il ne serve jamais à solder la vanité ou le *protectorat* de quiconque, et que tout s'accomplisse dans cette commune pour la seule gloire et dans le seul intérêt de vous-mêmes.

Je serais donc dans le Conseil municipal l'un des plus fermes soutiens du *pouvoir civil* contre les tendances et les agissements de certaines gens. Selon moi, à chacun son rôle, à chacun sa tâche.

C'est une erreur de croire qu'il suffit à un Conseiller municipal d'avoir des intentions droites, de penser et de vouloir le bien. Il faut encore à l'occasion qu'il sache discerner, qu'il ait du courage, et qu'il ose dire tout haut ce qu'il pense tout bas avec le plus grand nombre de ses collègues, n'importe les flatteries dont on cherche à l'enivrer, n'importent les offres et les efforts tentés pour le corrompre ! Le devoir d'un bon conseiller est de subordonner à l'intérêt général tout intérêt particulier, surtout le sien propre et celui de sa parenté.

Les trois conseillers qui seront nommés après-demain dimanche, 25 août, compléteront le Conseil municipal de La Ruscade. La majorité de ce nouveau Conseil sera ce que seront ces trois derniers élus. A vous donc, Concitoyens, d'y voir clair, et de dire par vos suffrages de quel côté vous entendez que la balance l'emporte et que le plateau s'incline.

Il y aura, en effet, d'ici cinq ans, d'importantes questions à décider, et notamment :

1° Celle de deux ou de quatre cloches ;

2° La reconstruction de l'église en pierre ou en bois ;

3° La construction ou l'acquisition d'une Mairie, d'une maison d'Ecole, les premiers immeubles acquis dans ce but ayant été englobés dans la maison curiale ;

4° L'établissement d'une Ecole publique de filles ;

5° Et peut-être l'abandon aux corporations religieuses (des sœurs et des *frères ignorantins*) de l'enseignement primaire communal.

Vous avez donc intérêt, Concitoyens, à faire choix de Conseillers indépendants, jugeant toujours par eux-mêmes, n'obéissant à aucun mot d'ordre, et y voyant toujours par leurs propres yeux.

Je puis parfaitement, n'étant que simple instituteur libre et n'ayant aucune attache avec l'Administration locale, faire partie du Conseil communal. Toute affirmation contraire à la mienne serait un mensonge et une manœuvre électorale, et je vous prie dans l'intérêt de vous tous de n'y accorder aucun crédit.

Votre bien dévoué.   Alexis MANIÈRES.

La Ruscade, 23 août 1860.

Je prête d'avance le serment constitutionnel ainsi conçu : *Je jure obéissance à la Constitution et fidélité à l'Empereur* (qui a donné l'exemple au monde de violer publiquement tous les siens). On amuse les enfants avec des osselets et les hommes naïfs avec des serments, a dit le lacédémonien Lysandre ; c'est le tour que joua Bonaparte à 7 millions de Français en 1848, et ceux-là ont bien mérité de la patrie qui lui ont rendu *la pareille* dès l'année 1860.

*Extrait du registre des délibérations du Conseil municipal
de la commune de La Ruscade.*

(14 mars 1863.)

Adresse à M. le baron Jérôme David, député de la Gironde pour la 4ᵉ circonscription.

MONSIEUR LE BARON,

La commune de La Ruscade se dispose à faire refondre sa cloche principale.

Le vœu de tous les habitants serait que votre nom et celui de Mᵐᵉ la Baronne, votre épouse, fût placé comme puissance tutélaire au-dessus de notre édifice paroissial où il rappellerait simultanément une *époque,* une *illustration,* un *bienfait.*

Mandataires du lieu, modestes Conseillers municipaux, nous venons donc, Monsieur le Baron, vous offrir, ainsi qu'à Mᵐᵉ la Baronne, le très-humble parrainage de notre forte cloche, dont la bénédiction est provisoirement fixée au 16 mai prochain, jour de la fête locale.

Le bronze qui va se dissoudre, Monsieur le Baron, portait depuis quarante ans deux noms illustres et honorés : ceux de M. le duc Decazes et de Glucksberg, ancien ministre, ancien ambassadeur à Londres, et celui de Mᵐᵉ la duchesse Decazes, née de Beaupoil Saint-Aulaire, son épouse.

La commune de La Ruscade était fière de ce haut patronnage, pour lequel elle se croyait sans rivale dans l'arrondissement, et aujourd'hui toute son ambition, sous ce rapport, serait de ne pas déchoir.

Si, après avoir examiné notre humble demande, vous daignez, Monsieur le Baron, accéder à notre vœu, pour le réaliser un peu plus tard en descendant parmi nous, vous nous aurez fait à tous, mandataires et mandants, le plus grand honneur auquel nous puissions prétendre, et notre reconnaissance vous serait acquise à jamais. Alors, Monsieur le Baron, la fête solennelle du 16 mai prochain, favorisée par des circonstances exceptionnelles, notamment par votre présence et celle de notre vénéré Pontife, surpasserait de beaucoup, en importance et en splendeur, celle du 7 octobre 1822. Alors un grand nom et un grand principe se seraient succédé sur notre airain immortel.

Alors, en présence d'un immense concours de peuple, le dévoûment religieux des hommes de l'Empire serait venu s'ajouter à celui des hommes de la Royauté (les hommes de l'Empire, des hommes religieux!... *quelle dérision !*), et il aurait été reconnu une fois de plus que la France est, et restera toujours *la fille aînée de l'Eglise !*

Nous devons faire maintenant, Monsieur le Baron, une indispensable déclaration : notre démarche est tout à fait désintéressée et ne contient autre chose que ce qui est avoué en ces lignes. Notre unique but, notre seul mobile est l'honneur de vous posséder au moins une journée au milieu de nous, avec le droit de nous glorifier de votre bienveillance, de votre sympathie et de votre nom. Quant à nos suffrages, Monsieur le Baron, il ne saurait en être question. L'avenir vous fait de si magnifiques promesses, que vous n'en avez nul besoin.

Toute la crainte de votre 4e circonscription est, au contraire, que vous ne lui soyez trop tôt enlevé. Dans ce cas, il resterait à *vos chers électeurs* du Médoc et du Blayais pour suprême consolation, sinon l'honneur de vous avoir vu naître au milieu d'eux, celui du moins de vous avoir servi de parrain au début de votre carrière politique.

Comptant sur votre acceptation et sur celle de Mme la Baronne, nous avons l'honneur d'être, Monsieur le Baron, avec le plus profond respect, vos très-humbles et très-obéissants serviteurs.

Ont signé la présente Adresse :

> Déporte, Vanlin, Lignat, Mallet, *adjoint*, Mariochaud, Laville, Livran, Denoel, Robin, Rambaud, Quimaud, Hervé, Varaillan, A. Manières, Jn Mie Belloumeau, *curé*.

Le maire Gellie, ne sachant à qui plaire et à qui déplaire, se décida enfin à ne pas signer, si bien que M. David le crut *(malicieusement)* mort et enterré, et en écrivit sur-le-champ, *par le retour du courrier,* à l'adjoint Mallet.

NOTE DU RÉPUBLICAIN MANIÈRES

AU SUJET DE L'ADRESSE PRÉCÉDENTE DONT IL FUT L'UN DES SIGNATAIRES

Cette adresse me valut, sur la recommandation de mes adversaires qui cherchaient par tous les moyens possibles à m'éloigner de La Ruscade, la visite du député Jérôme David, lequel se fourvoyant complètement vint à moi avec des offres personnelles d'emploi que je m'empressai de refuser dans les termes suivants :

Vous ne me devez ni remercîment ni reconnaissance, Monsieur le Baron, car avant de penser à vous j'ai pensé à mes concitoyens, dont je suis le mandataire, et qui ont besoin d'aide et de protection. Vous croyant plus capable que d'autres de les bien servir, je les ai naturellement dirigés de votre côté ; c'était mon devoir de Conseiller municipal. Quant à moi, Monsieur, je n'ai besoin de rien ; j'avais quitté La Ruscade où je suis né, il y a quelques années, et j'y suis revenu avec la résolution bien arrêtée d'y laisser mes os. Mais si pour moi personnellement je n'ai rien à demander, rien à accepter, il y en a dans ma maison qui souffrent beaucoup et au nom desquels je n'ai pas le droit de parler ainsi. J'ai deux demoiselles reçues institutrices depuis trois ans passés ; mon intention, connue de tous, est de les placer ici auprès de moi comme institutrices publiques, et l'Académie prêtant main forte à mes adversaires s'y refuse obstinément, et veut m'obliger à m'en séparer, ou à mourir de faim auprès d'elles et avec elles. — Il fallait vaincre le maire Gellie, très-clérical, vaincre M. le Curé, vaincre l'inspecteur d'Académie, vaincre le cardinal, vaincre le préfet. Du côté des *cléricaux* étaient infailliblement le duc Decazes et le marquis de La Grange. Du côté des *non-cléricaux* paraissait être M. Jérôme David. Mes adversaires étaient fort embarrassés du choix, quant à ce parrainage de cloche, car le maire Gellie et le curé Belloumeau étaient ou avaient été les obligés, les protégés du marquis. En les forçant à se prononcer plus ou moins jésuitiquement contre M. David en haine surtout du *républicain Manières*, je fis un véritable coup de maître. M. David, autant pour se venger d'eux que par intérêt réel pour moi et pour ma famille, fit tout passer sous ses fourches caudines : maire, curé, cardinal, académie, préfet. Par lui il fallut refaire ce qu'on avait défait, et défaire ce qu'on avait fait.

Telle fut la conséquence de l'adresse ci-dessus. L'humiliation et le désappointement furent très-grands dans le camp de mes adversaires, et la vengeance dut être remise à plus tard. Malheureusement, sachant que le père portait inscrit sur son écusson de famille : « *Invictus moriar* », ce furent ses filles qui payèrent pour lui, et qui furent vouées à sa place à une malédiction et à une extermination qui dure encore.

Bordeaux, 12 février 1875.

Alexis MANIÈRES.

DE QUOI SONT CAPABLES

LES CLÉRICAUX

et ceux qui en général leur servent d'instruments.

Le dimanche 3 mai 1863, au matin, j'ai trouvé affiché à mes bâtiments, le plus près possible du chemin public, l'écrit anonyme suivant, œuvre d'un lâche et d'un imbécile :

A VENDRE

« *Toute la famille Manières. On peut les acheter en gros ou en*
» *détail. Les uns valent les autres. S'adresser, pour le prix et les*
» *conditions, à M. Quimeau (1), notaire à La Ruscade. On les*
» *aura à bon marché, surtout le père.* »

Réponse à SICAIRE, l'anonyme, le plus lâche de mes ennemis.

Le Seigneur a dit : « Celui qui me suit ne marche point dans les
» ténèbres. »

Et toi, Sicaire, de qui donc es-tu le disciple ? Dis-moi qui t'envoie, où tu vas, d'où tu viens. Es-tu de Dieu ou du Diable, de la Lumière ou des Ténèbres, du Mensonge ou de la Vérité ? Es-tu homme ou femme, ange ou démon, célibataire, veuf ou marié ? Es-tu Chrétien, Païen, Français, Cosaque, Clérical ou Libéral? Es-tu riche, pauvre, savant, ignorant, illustre ou obscur ? Arrives-tu de Coblentz ou de Mantoue, de Magenta ou de Castelfidardo ? Es-tu chef ou soldat dans la légion de Belzébuth ? Allons ! sois fier de ton arme, de ton rôle et de ton drapeau ! dis, parle, fais-toi connaître. Es-tu beau, vilain, élégant, difforme, boiteux, borgne ou bossu ?

---

(1) Q...... et B......, l'un ex-président *in partibus* du *prétendu* Comité libre-échangiste de 1872, et l'autre ex-cantonnier-garde-champêtre et ex-agent électoral de S. M., qu'êtes-vous devenus? Cinq ans..., cinq ans..., cinq ans !!!

11

Es-tu blanc, bleu, jaune ou noir ? As-tu le poids, la force, le poitrail et la lourde démarche de Jean Taureau, ou bien le nez pointu, l'air dégagé, la taille fine et élancée de dame Belette ? Es-tu le flot qui baisse ou le flot qui monte ? Alors, quel obstacle te fait ainsi bouillonner sur ton fonds bourbeux, où viennent se dégorger vingt égoûts, pleins d'immondices et de saletés ? Quelle est ta profession ? Travailles-tu la pierre ou le marbre, la laine ou le cuir, le fer ou le bois, le pain ou le vin, la terre óu l'eau, la toile ou le *Papyrus?* Fais-tu le métier de gribouilleur, de bohémien, de mouchard, d'incendiaire, de fripon? Es-tu usurier, assommeur, faussaire, flibustier, industriel, commerçant, prêteur à la courte semaine ou au réméré? Tu aimes, je le vois, à faire de la boue, à te vautrer dans la fange, et tu pataugerais volontiers dans les larmes et dans le sang. Es-tu donc barbot ou crapaud? vipère, reptile, salamandre ou scorpion? Alors, quel cloaque t'a enfanté? Es-tu de La Ruscade ou d'ailleurs? Es-tu né près du Graviange, de la Saye ou du Meudon? ou bien, es-tu un enfant perdu, envoyé tout exprès de Bourg, de Blaye, de Saint-Ciers, de Montendre, de Montlieu, de Montguyon? ou encore de Guîtres, de Fronsac ou de Saint-André? N'as-tu pas, par hasard, deux langues également insidieuses et deux masques affreux pour ton chef à deux visages? Dis, parle, réponds à mes questions.

Sicaire, tu fais comme les traîtres et tu ressembles aux hiboux. Tu frappes par derrière et tu crains le grand jour. Le regard des hommes t'épouvante et t'humilie : tu as sans doute commis un *crime* (prophétie). Les vauriens et les malfaiteurs travaillent dans l'ombre et ne voyagent que la nuit. — Un homme d'honneur, un bon citoyen n'abrite point un poignard sous les plis de sa toge ou de son manteau; il n'use que d'armes loyales, que d'armes permises, et, s'il combat, c'est à la lumière du soleil, sous les yeux de Dieu, témoin avoué de toutes ses actions. Mais toi, Sicaire, dont l'orthographe pourtant dénote un homme éduqué, qui es-tu et quels lauriers t'empêchent de dormir? Tu es un jaloux, un méchant, une vile canaille, un *voleur* peut-être ou un assassin. Avide des secrets d'autrui, tu dois certainement écouter aux portes, et pratiquer en grand le métier d'espion. Après cela, qui donc voudrait se mesurer avec toi? Un gredin cependant doit être corrigé. Je suis donc à cette heure l'instrument de la Providence, et je m'appelle pour toi la *Verge qui châtie.*

Qui que tu sois enfin, renard ou loup, fouine ou blaireau, milan ou vautour, tigre ou léopard, de grâce avoue ta présence. Dis, quel est ton chef et ton maître. Où sont tes affections et tes espérances? en deçà ou au-delà des monts? Pour qui as-tu chanté le *Te Deum* à l'époque de Magenta et de Solferino? Tes vœux, alors, étaient-ils pour Victor-Emmanuel ou pour François-Joseph? pour les vainqueurs ou pour les vaincus? pour celui qui règne à Paris, ou pour les princes dépossédés, pour ceux qui devaient revenir à Parme, à Modène, à Florence? Dis, parle, réponds.

Moi à vendre! Sicaire; je te gêne donc bien! Et toi, qui oses mettre les autres à prix, et à bas prix, quelle est ta valeur? Ta valeur, je la sais, et je vais te la dire. Tu vaux ce que vaut l'écume ferrugineuse appelée laitier; tu vaux ce que vaut la bave infecte du boa, ou le venin pernicieux de la vipère; tu n'es propre qu'à nuire. Moi à vendre, grand Dieu! Il y a donc longtemps que je serais vendu et revendu si j'avais voulu l'être, et qu'à cette condition dans ma famille on n'eût manqué de rien. Et c'est peut-être parce que tu as voulu m'acheter et que j'ai refusé de me vendre, parce que je suis incapable de servir tous les Maîtres, d'adorer tous les Veaux d'or, de saluer tous les Soleils levants, que tu as imaginé ce lâche moyen de détruire celui que tu n'as pu gagner. Dis-moi, as-tu figuré un seul jour dans la phalange de mes adversaires? Vois comme ils te blâment à cette heure, et toi aussi peut-être tu te joins à eux! Si après cela ils consentent encore à t'admettre dans leurs rangs, s'ils désirent la fin de la lutte et avec elle le retour de la paix et de la concorde, dis-leur, de ma part, qu'ils renoncent à leurs projets : qu'ils cessent l'attaque et je cesserai la défense. Mais qu'ils ne comptent jamais que, lassé de leurs intrigues et de leurs assauts, j'imite, dans son malheur, notre ancêtre le Gaulois, que je jette devant eux mon casque et mon épée : je suis trop fier et trop résolu pour cela. Je dirais plutôt au plus hardi d'entre eux : voilà mes armes, viens les prendre! Un homme bien trempé, un homme de cœur ne se rend pas; il meurt sur la brèche.

Mais tu es trop obtus, trop stupide pour me comprendre, et je sème, je le vois bien, des perles devant un pourceau. Sicaire le stipendié, ton action, infâme en elle-même, tient de la rage et de la folie. Ton cerveau se dérange de plus en plus, et ta fureur ne connaît plus de bornes. Dans ton trouble, tu heurtes le sens commun; tu te blesses en voulant me blesser; tu me fais du bien en voulant me faire du mal; tu me sauves au lieu de me perdre, et, par surcroît, tu me fournis des armes pour t'abattre et t'aplatir à jamais. Contre un ennemi qui a recours au poignard, on peut bien tirer à mitraille et à boulet rouge, et tuer du même coup tous les insulteurs anonymes présents, passés et futurs. Ainsi fit Hercule pour l'hydre aux sept têtes sans cesse renaissantes; ainsi fit Alexandre pour le nœud gordien : ils tranchèrent tout d'un seul bond.

Est-ce pour avoir voulu servir ma terre natale, pour avoir proposé aux deux Conseils réunis M. le baron David, que je suis à vendre? Sache, Sicaire, que mon désintéressement a fait ses preuves. Je n'ai rien à demander, rien à attendre de personne : je ne dois compter que sur moi-même ; je sais cela depuis longtemps. C'est toi sans doute qui as écrit à Paris cet innocent billet, destiné à tout défaire, à tout bouleverser, à tout compromettre ! J'ai été à la peine, et tu ne voudrais pas que je fusse à l'honneur ! Eh bien ! soit. Je m'effacerai complètement ce jour-là; mais, sois-en sûr, justice et lumière se feront tôt ou tard.... Encore, si tu n'insultais que moi, ta lâcheté serait moins grande et ton crime moins odieux. Mais tu oses attaquer dans leur bien le plus cher, dans leur honneur, ma femme et mes trois filles, dont tu aurais dû respecter le sexe, la vertu, le rang, la profession, l'âge et la faiblesse. Je serai leur vengeur. Ce n'est pas de toi, bien sûr, qu'il est écrit : « Heureux le sein qui l'as porté ! heu- » reuses les mamelles qui l'ont nourri! » Non; tu n'es pas le fils de la femme : tu n'a pas assez de cœur pour cela. Sicaire abominable, de quel accouplement monstrueux es-tu donc le fruit?

Ma femme est à vendre ! mes filles sont à vendre ! Infâmie d'une âme vile et méprisable.

Ma femme est à vendre ! Tu l'as peut-être attaquée sans succès! Respecte dans les autres, Sicaire, ce qui te manque à toi-même. Cette foi modeste et profonde, cette dévotion franche et sincère que ma femme pratique en silence dans la simplicité de son cœur avaient besoin de tes outrages pour avoir du prix devant le monde comme elles en ont devant Dieu. Ce que ma femme fait aujourd'hui, apprends, Sicaire, qu'elle le fait depuis trente ans ; elle le fait pour Dieu, sans éclat, sans ostentation ; elle fuit les regards, de loin les provoquer, et tout intérêt humain est banni de sa pensée.

Ma fille est à vendre ! misérable ! ma fille honnête et pure, ma fille sur laquelle il n'y a rien à dire, qui n'a jamais, non plus que ses sœurs, rencontré le regard d'un homme, qui ne sort de chez moi que pour aller à l'église, devant Dieu, source de toute vertu et de toute pureté ! Si tu la crois à vendre, présente-toi donc pour l'acheter, et je te brûlerai la cervelle... Non, elle n'est pas à vendre ma fille, mais elle est promise, entends-le bien, promise à la commune de La Ruscade, dont elle est l'enfant, qui l'a adoptée par la voix unanime de son Conseil, et j'attends pour la lui remettre qu'elle ait l'âge requis. Jusque-là, je resterai avec elle, et elle avec moi, et, ainsi protégée, les embûches des méchants ne pourront rien contre elle ! Ma fille est comme moi ; elle veut vivre et mourir aux lieux où elle est née. Au soleil de la contrée son droit vaut bien celui de simples nomades, d'où qu'ils sortent, d'où qu'ils viennent.

A vendre ! le père surtout !... je devine facilement ton but et ta pensée : si tu pouvais d'abord frapper et abattre le berger, tu disperserais plus facilement les brebis. La lâcheté est dans tes intentions comme dans tes moyens... Et cependant nous ne t'avons fait aucun mal. — Veux-tu mettre le comble à ton infâmie ! Accuse-moi d'un incroyable suicide ; publie partout que je suis l'auteur de ton lâche factum.

Maintenant, Sicaire, es-tu content ? te déclares-tu satisfait ? as-tu réellement atteint ton but ? m'as-tu enfin déshonoré, étouffé, affamé, expulsé ! as-tu fait place vide, et peux-tu enfin bâtir sûrement sur la ruine de ma famille et sur le malheur de mes enfants ? Si cela est, il faut avouer que tu es singulièrement ingénieux. En tout cas, toute peine mérite salaire, et tu reçois aujourd'hui, du même coup, le prix de ton crime et la peine de ton péché.

Il y a entre nous deux, Sicaire, une distance infinie, celle du courage à la lâcheté. Nous sommes donc l'opposé l'un de l'autre. Tu me caches ton adresse : c'est fâcheux. En attendant que je la découvre, je te donne la mienne.

A. MANIÈRES,

Instituteur, conseiller municipal.

La Ruscade, 16 mai 1863.

LA MARSEILLAISE
de la Paix et de l'Union Européennes

APPEL
aux femmes de tous les Pays et de toutes les Conditions.

I

Qui donc toujours rêve la guerre,
Sont-ce les peuples ou les rois ?
Qui donc vient briser comme verre
Tant d'êtres soumis à leurs lois? *(Bis.)*
Qui donc fait tant pleurer les mères ?
Qui donc leur prend leurs beaux enfants?
Ce sont les rois, vains et méchants,
Frappant les fils après les pères !

Femmes, venez à nous !
Prêtez votre concours !
Parlez, veuillez
Et de vos fils le sang vous sauverez !

II

Femmes, vous êtes les plus fortes;
Les rois sont plus faibles que nous !
Désarmez-les (1), faibles cohortes,
Dieu le veut, et le veut par vous ! *(Bis.)*
Mieux vaut créer que tant détruire ;
Non, Dieu n'a pas dit : vous tuerez,
L'un sur l'autre vous vous ruerez
En vrais tigres pour vous conduire !

Femmes, venez à nous, etc.

III

En vain un prélat catholique
A dit : l'*esclavage est divin....*
Et le seul mot de République
Du sang versé prescrit la fin. *(Bis.)*
La paix, l'union, l'indépendance
Sont des bienfaits du créateur,
Et c'est Satan, roi malfaiteur,
Qui veut le sang et la vengeance.

Femmes, venez à nous, etc.

IV

Salut au grand anniversaire (2) !
Salut au drapeau fédéral !
Salut à toi nef insulaire,
Vecteur (3) du progrès général (4) ! *(Bis.)*
Allant de l'un à l'autre monde,
A côté des ladys d'Albion,
Demandons-leur pour New-Union
Tout leur cœur, leur action féconde !

Femmes, venez à nous !
Prêtez votre concours !
Parlez, veuillez
Et de vos fils le sang vous sauverez !

(1) Variante : Détrônez-les, Renversez-les.
(2) 4 juillet 1876, centenaire de la fondation de la République des États-Unis d'Amérique.
(3) Porteur. — (4) Variante : Progrès *libéral.*

V

Puissent nos fils tous se confondre
Dans le seul nom d'Européens !
Puissent-ils à ce nom répondre,
Qu'ils soient Saxons, Pyrénéens (1). *(Bis.)*
Et toi va-t'en, orgueil stupide
Qui nous rendis si malheureux !
N'entends-tu pas sonner aux cieux
D'Europe-Union l'heure rapide !

Femmes, venez à nous, etc.

VI

Femmes de cœur, allons, courage !
Sachez vouloir, et *ça ira;*
Oui, la paix sera votre ouvrage,
Par vous le canon se taira. *(Bis.)*
Désormais l'Europe apaisée
Ne pensera plus qu'au travail,
Et bientôt le steamer, le rail,
La rendront plus favorisée !

Femmes, venez à nous, etc.

VII

J'ai parcouru la Germanie !
Les hommes y sont comme nous !
N'en soyez jalouse, ô Marie ! (2)
Les plus belles y sont comme vous. *(Bis.)*
Comment d'ailleurs haïr le frère
Quand on ne peut qu'aimer la sœur;
Ma patrie à moi, c'est mon cœur,
C'est la lady que je préfère !

Femmes, venez à nous, etc.

...... 10 Mai 1874.

VIII

Alors les guerriers inutiles
Retourneront dans leurs foyers.
Plus de sang, de guerres futiles,
Des laboureurs, plus de troupiers. *(Bis.)*
Au profit des filles nombreuses
On proscrira le célibat ;
Tant pis si le pape combat
Contre les nonnes plus heureuses.

Femmes, venez à nous, etc.

IX

Et si jamais les destinées (3)
Vous réclamaient des combattants,
Élancez-vous, échevelées,
Pour le salut de vos enfants. *(Bis.)*
Que partout des milliers d'entraves
Se dressent inopinément,
Et disent aux rois carrément :
C'est à vous de périr en braves !

Femmes, venez à nous, etc.

X

Et toi, France républicaine,
Conserve ton institution,
Et de ta sœur américaine
Imite la résolution. *(Bis.)*
Telle doit être ta revanche (3),
Telle l'espèrent tes voisins :
Danois, Flamands, Suisses, Latins,
Et le grand peuple d'outre-Manche.

Femmes, venez à nous, etc.

---

(1) Variante : Grecs, Vendéens, *ou bien* Goths, Criméens.
(2) Eulalie.
(3) Variante : Et si des têtes affolées.
(4) Sous-entendu *d'abord.*

RENSEIGNEMENTS ET DOCUMENTS

venus trop tard et inscrits ultérieurement

(5 avril 1875). Décès de M. X... D'ARTIGAUX, président de Chambre honoraire à la Cour d'appel de Pau, décédé à Moncayolle, près Pau, à l'âge de 74 ans. Son aïeul est l'un des fils de messire *Jean-Joseph* D'ARTIGAUX, conseiller du Roy à la Cour du Parlement de Bordeaux et commissaire aux requêtes du Palais, et de *Jeanne-Marie* DE LALANDE, beau-frère et belle-sœur de *Pierre* DE MANIÈRES, marié à *Catherine* DE LALANDE. (Voir page 29.)

Bordeaux. — Vᵉ CADORET, impr., rue du Temple, 12.

www.ingramcontent.com/pod-product-compliance
Lightning Source LLC
Chambersburg PA
CBHW070900280326
41934CB00008B/1527